二战浪漫曲 WORLD WAR II ROMANCE

二战谍雄

◎李乡状 / 编著

团结出版社

图书在版编目（CIP）数据

　　二战谍雄 / 李乡状编著. -- 北京：团结出版社，
2014.1（2022.1重印）
　　ISBN 978-7-5126-2340-8

　　Ⅰ. ①二… Ⅱ. ①李… Ⅲ. ①第二次世界大战—间谍
—情报活动—史料 Ⅳ. ①D526②K152

　　中国版本图书馆CIP数据核字(2014)第010358号

出　　版：团结出版社
　　　　　（北京市东城区东皇城根南街84号　邮编：100006）
电　　话：（010）65228880　　65244790（出版社）
　　　　　（010）65238766　　85113874　　65133603（发行部）
　　　　　（010）65133603（邮购）
网　　址：http://www.tjpress.com
E-mail：zb65244790@163.com（出版社）
　　　　　fx65133603@163.com（发行部邮购）
经　　销：全国新华书店
印　　刷：三河市燕春印务有限公司

开　　本：710毫米×1000毫米　　16开
印　　张：15
字　　数：170千字
版　　次：2014年1月　第1版
印　　次：2022年1月　第3次印刷

书　　号：978-7-5126-2340-8
定　　价：68.00元

前言
■QIANYAN

在第二次世界大战中,世界反法西斯斗争的舞台上留下了许多可歌可泣的动人故事。从元帅到士兵,人们同仇敌忾,为着民族和人民的利益和正义的事业,不惜抛头颅、洒热血,与敌人奋战到底。他们当中有隐秘战线的无畏英雄,有在正面战场上奋勇搏杀的热血男儿,有统帅千军万马的睿智将领,也有策动局势的领袖元首。那些发生在他们身上种种带有传奇色彩的事件至今仍然广为人们所传颂,战争的铁血和历史的壮阔更是为这些曾经的故事增添了一份令人回味无穷的浪漫。

客观来说,"二战"的发生是人类历史上的一场浩劫,它使全世界大多数地区的国家都遭受到了战火的洗礼,令无数军民饱尝了它所带来的磨难;然而,"二战"的胜利却又无疑是人们一次无可比拟的伟大成就,是它将全世界人民团结战斗打败法西斯军国主义的胜利与和平的丰碑,永远树立在了历史的漫漫长路上,父辈的血汗与呐喊凝聚在这里,为我们这些后人留下了一处值得永远敬仰和继承的精神——在亚洲、在非洲、在欧洲,世界各国人民团结在反法西斯同盟的旗帜下展开了对德、意、日、法西斯轴心国的殊死战斗。从1933年到1945年,世界范围内的反对法西斯斗争此起彼伏。终于,正义战胜了邪恶,向往和平与正义的人们赢得了最后的胜利。

在二十一世纪的今天,那段历史已然离我们远去了,曾经高呼的口号被淹没在平淡的生活当中,战火的痕迹被新建起的楼房与街道所掩盖。战争的记忆从我们身边消失已久,然而,即便如此,今天的我们也仍然能够不时从书籍、报刊和人们的口耳相传中听到那些似乎已经远去的名字与词语:敦刻尔克大撤退、不列颠空战、斯大林格勒保卫战、解放波兰、攻陷柏林……这些泛着陈旧之色的字眼或许被提及的时候给人的感觉或许已经不能像几十年前那样容易引起热血的激荡和讨论的兴味。但是当我们翻开书本,重新咀嚼起它们身后的那些故事,胸中却还是无法抑制地会泛起对历史那份无尽浩荡与雄浑奥壮的回味悠长。

是否还记得,莫斯科郊外以血肉之躯抵挡坦克的最后呐喊;敦刻尔克海岸上为同袍撤离而顶着炮火与炸弹袭击的顽强阻击;在伦敦上空对敌人如黑云般压来的轰炸机群从飞机炮口中喷出的怒火;昔日北非名将隆美尔与蒙哥马利率领部队殊死作战的阿拉曼战场上, 如今伴着双方遗留下来无数地雷形成的"魔鬼花园"的,只有在沙漠公路两旁绵延久远的无名战士墓……

麦克阿瑟曾经说,老兵不死,他们只会渐渐湮没(在人群中)。当战争离我们远去之后,那些与战争有关的人们和他们的事迹也被生活中更加贴近我们的种种信息所渐渐掩去。而事实上,无论辉煌抑或黑暗,这些值得了解的过往都不应该在我们的记忆中以一个毫无内容的名词的形式一直蒙尘,直到死去。从这些故事当中,我们能够学习和获得许多生活中可能永远无法接触到的智慧,以及情感。

本书通过对历史史实的详细阐述,从战争的过程当中甄选出一系列不同身份的角色。通过从不同的角度,不同的立场和不同的身份进行讲述和介绍,使一大批鲜活的人物跃然纸上,他们的事业,生活,伴侣,友人,仇敌以及经历都以一种更加贴近人性的视角被展现出来,便于读者们更好地带入到角色的感受当中去,更贴切地去解读和掌握书中所介绍的这些活跃于那个特殊年代的人们。

本套丛书当中不仅介绍了我们时常听闻的那些在第二次世界大战中声名在外的著名将领和领导人的事迹和经历,也包含了对那些工作在隐秘战线,工作在敌人心藏中的无名英雄的描写,让我们能够从更全面的角度来对二战时代的局势与当时不同阵营和国家人们的世界观进行了解,相辅相成地为每一位相关的人物在印象中描绘出一个更加贴近现实的生活与境遇背景,还原出一个个与历史百科介绍中那些冰冷文字构筑下不一样的人物形象。

本书力求以历史原貌真实再现历史史实,呈现在读者面前。如果存在某些描写过甚或与真实历史出入之处,敬请各位读者朋友批评指正。

2013.12.26

目录
MULU

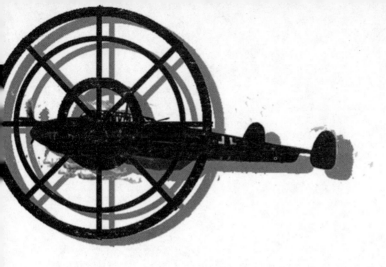

米歇尔·霍兰德

关于霍兰德的故事以及他的功绩并不为更多的人知晓,其原因归结于他间谍的特殊身份。拨开历史的层层云雾,让我们一起沿着英雄的足迹,走进霍兰德传奇般的一生……他出生在法国,父亲在他很小的时候就为其讲述战场上的故事,所以,霍兰德很早就对军队生活兴趣十足。身为将军的父亲在保卫祖国的战役中腿部受伤致残,太多的关于他的事迹使霍兰德感动并心生崇敬,军人情结在他幼小的心灵深深扎根。18岁那年,霍兰德顺利地考入了法国最负盛名的大学——巴黎大学。在目睹了动荡的国际时局后,他毅然决然地走上了反法西斯战线。

选择自己的道路

母亲深爱着霍兰德,怕他像他的父亲一样在战场上受伤,甚至威胁到生命,所以,毕业后,她坚决反对儿子从军。双方因思想认识上的冲突过于激烈,最后引发了母亲的一场大病,霍兰德考虑到母亲的病情,无奈之下,入职一家银行,但那种枯燥的生活很快让他无法忍受,待母亲的病情好转以后,他毅然决然地向上级达尔西提出辞职,然而,一个意外的惊喜出现了。达尔西除了是他工作中的上级,还有一个特殊的身份,那就是间谍。他与霍兰德有着共同的理想和目标,二人迅速达成共识。霍兰德接受了达尔西的安排,也正是这个人引领霍兰德走上了间谍之路。很快,他来到间谍学校接受全面培训。

学校安排了很多间谍技能训练,包括格斗、乔装,以及各种新型武器的使用等,其中,开枪训练最让霍兰德激动不已。当他拿起一把最新式的手枪瞄准靶心时,心激动得怦怦直跳,他的手甚至在微微颤抖。像父亲一样拿起手枪,这是霍兰德一直以来的梦想。

要想成为一个优秀的间谍,还需要掌握专业的间谍技术。密写技术、无线电技术、微缩技术、窃听与反窃听技术等。对于这些,霍兰德感觉既新鲜又刺激,从小他便喜欢钻研一些新奇有趣的东西,这恰恰满足了他的愿望。霍兰德凭借聪明的头脑以及强烈的好奇心,很快掌握了它们。

间谍训练中还有非常重要的一项内容,它就是语言训练。一个优秀的间谍至少要掌握两种以上的语言,这样他才能在各个国家自由活动,更便于融入当地的生活,顺利完成任务。间谍很早就出现在战争中,那时,并没有间谍这一称谓,交战的双方会专门选拔培养一些聪明、身手灵活的人秘密潜入到敌国获取情报,从而为本国争取到有利的时机。渐渐地,随着时间的推移,第一次世界大战爆发后,做这些的人有了自己的身份和名称,即间谍。为了更好地为战争服务,各个国家相继成立了间谍学校,发展和扩大间谍网,让情报传递更加方便、快捷、高效。在这个日渐成熟的谍报系统中,间谍学校的作用十分关键。经过严格筛选走进来的年轻人接受着各种专业的训练,其中最重要的一项就是语言训练。

此时,国际形势紧张异常,第二次世界大战一触即发。各个国家相继进入紧急备战状态。德国已然成为世界上的第一霸主,它的铁蹄伸向世界的各个角落,足见其野心之大,对德情报系统的任务变得非常艰巨。德语成为间谍学校里的重要科目。霍兰德很早就熟练掌握了英语,学习德语对聪明的他来说易如反掌。纵观世界形势,若想更好地为法国效力,为反法西斯的正义事业奉献终生,就一定要熟练掌握它。

空想只能让梦想越来越远,唯有脚踏实地地付出努力才能让梦想变为现实。霍兰德颇具语言天赋,短短的几个月他就能用德语进行简单的对话。每天清晨,天刚刚亮,霍兰德就先于其他学员起床,来到学校后面的树林中,早晨的空气清新极了,让人顿觉心旷神怡,带着好心情,霍兰德拿起德语书,大声朗读单词和对话,晨光铺散在枝头叶间,鸟鸣与低沉、磁性的男声交织在一起。

德语是很难的一种语言,有些发音要经过反复练习才能纯正。霍兰德力求发音标准,一段对话他经常要反复练习,直至令自己满意为止。另外,霍兰德在训练之余做得最多的事就是听德语电台,他跟着德语电台里的节目不停地纠正发音,此时的他简直就像一个学习狂人。年末的考核中,霍兰德流利标准的德语—从口中说出,所有的学员和教官都惊呆了,其发音几乎与德国人无异。

　　正如达尔西所预言的那样,间谍学校的确是最适合霍兰德的地方,在这里,霍兰德如鱼得水。岁月如梭,短暂的一年很快就过去,在这一年中,他如饥似渴地汲取着这里的所有知识。经过艰苦训练的打磨,霍兰德变得成熟许多,从他身上散发出来的魅力更加光彩照人。一年的心智磨练,霍兰德的眼神中再也找不到年轻人的浮躁,取而代之的是一份深邃和睿智。为期一年的学习已结束,前路充满挑战,他毅然决然地出发了。

战争的有利条件并非掌握在盟军一方,在西线战场上,法军接连失利。敦刻尔克大撤退后,盟军虽保留了反攻的有生力量,却丧失了大量的武器和装备,盟军的士气一度跌落到了谷底。6月,德军开始正式全面入侵法国,而法军的表现则令人失望至极,德军的装甲部队像竞赛一样,迅速深入法国中央,6月中旬,法西斯占领了巴黎,整个法国几乎都已经被法西斯的铁蹄踩在脚下,不得不宣布投降。

人民的力量是无穷的,法国人并没有像德国人所想象的那么容易掌控,许多像霍兰德父亲一样的爱国者不屈地反抗着。这让霍兰德看到了一线曙光。火车站一向都是城市连接外界的最重要的渠道。虽然德军已将巴黎的车站炸毁,但为了交通便利,他们在短时间内便将车站修缮地完好如初,其外观甚至比原来的更加壮观,铁路重新恢复了运营,运营情况则完全由德军掌控。霍兰德和他的上司毕维斯正准备在铁路系统发展一张间谍网。通常情况下,德军的官员都会乘坐火车来往各地,那么在火车和铁路上就是获取情报的最好时机。

想法一经确定,霍兰德等人立刻付诸于行动。身为间谍,霍兰德无疑具备非常敏捷的行动力。巴黎的车站早已经变成了德国人的车站,法国人是不能随便进出乘车的。要怎样才能走进车站,将自己的谍报网扩大到铁路部门呢?霍兰德经过冥思苦想,终于想到了办法。他收到情报,得知德军一直在招募德国人到法国来工作,而这其中的一个最重要的工作地点便是车站,这是一个很好的契机,在间谍学校,他的德语曾是出类拔萃的,它是混进德军铁路部门最有利的前提。

做好准备后,霍兰德向上级毕维斯报告了自己混进车站的详细方案,毕维斯立刻表示同意,并且帮助霍兰德制作了一个身份材料,在这份材料中,霍兰德是一个叫米勒的德国年轻人,由于家境贫寒,所以不得不四处游荡,以打零工维持生计。为了符合这个人物的身份,霍兰德找来一套非常破旧的衣服,蹬上一双磨损得已经看不清颜色的皮鞋,他的乔装术非常出色,看起来就是一个十足的因贫穷而流浪的青年。

巴黎的清晨早已不再是当年的模样,昔日的美丽和浪漫皆因战争而不复存在。空气中飘着一丝诡异的气息,透着一种令人毛骨悚然的感觉。霍兰德悄悄潜伏到车站附近,远远地,他看见那里正在巡逻的德军,他们的枪很长,霍兰德一眼便认出那是德国最新式的武器,而且枪的威力很大。德军控制得相当严密,每一个进出车站的人都要经过严格的搜查,只有得到德国兵点头同意的人才能通行。

是时候出场了。霍兰德摆出一副落魄青年的模样,拖拉着脚步走到德国士兵的跟前。刚跨入车站的范围,一个体型健硕、身材高大的德国兵便大声叫住了霍兰德。"站住! 你,干什么? 停下来,接受检查。"德国兵用枪托抵住了霍兰德的肩膀。

"早上好,长官! 我是米勒,德国人,这是我的身份材料。听说铁路部门要招募德国人来这里工作,我才来的。"霍兰德操起熟练的德语,他的口音听起来和德国人没有区别。霍兰德一边赔着笑脸说话,一边恭恭敬敬地双手捧上早已带在身上的身份证明材料。

德国士兵用怀疑的眼光看了看霍兰德,露出难以置信的表情,同时他把手中的材料翻来覆去仔仔细细地看了几遍,又上下打量了霍兰德一番。

对于德国兵手中的个人材料，霍兰德有十足的把握不会露馅，他知道毕维斯先生找来的这份身份证明资料是经过严密把关的，绝不会出现任何纰漏。霍兰德自信满满地站在那里等待着德国兵的检验。

德国士兵终于翻看完毕，并追问了他一个问题。"战火纷飞，时局这么混乱，你怎么会出现在巴黎？"

"是这样的，长官。在战争刚刚开始时，我便来到了巴黎，我想趁着战乱找到点儿赚钱的生意，发点儿小财。但谁知竟不走运，不但没赚着钱，反而把路费都赔上了。一听说法国投降，我高兴极了，我知道我们德国人很快就会占领这里，这样我就能找到自己的同胞了，一定会寻找到机会的。你看，现在机会不是已经来了吗？"霍兰德的头脑非常聪明，思路十分清晰，他的大脑快速地转动着，想到了这一连串理由，最重要的是，霍兰德还表达了自己的"爱国"之情，仿佛自己为德国而自豪，忠心于自己的"伟大祖国"。

听到霍兰德的回答，这位德国士兵终于放下了戒备的心理。确认了他的同胞身份，士兵脸上出现了友好的笑容，"嗯，不错，是个爱国的好青年，我们正需要你这样的年轻人投身于我们伟大的事业中。放心，在这里你还是可以赚到一点儿钱的，哈哈。"士兵一边夸赞霍兰德还一边将自己的胳臂搭在了霍兰德的肩膀上，以示友好。"走吧，跟我进来！"

霍兰德喜形于色，没人知道他脸上的笑容是胜利者的收获，第一关顺利通过了。"真谢谢您长官，您真是我的救星啊。你放心，我一定会好好干，努力为我们德国效力。"霍兰德表示着自己的"决心"。

终于走进了车站，进入了铁路部门，一张谍报网在等着霍兰德建立，到时候这张网会张开巨大的口，将所有德军的情报尽收网中。霍兰德自信满怀，眼前仿佛出现了一个个惊心动魄的画面，但他毫不畏惧，他对手中的任务充满了信心。

铁路是一个极其庞大的系统,在这个系统里又分出许许多多不同的机构和部门,而每个部门又承担着不同的职责和任务,各司其职。德国人并没有将铁路系统里的法国人全部辞退,在如此短暂的时间里,还不能立刻招募许多德国人来此工作,所以一些掌握铁路系统专业技术的法国人依然在各自的岗位上。还有另外一部分供他们差使的法国铁路工人,也不得不被德国人扣留下来。

不管愿意与否,这里已经不是法国人的天下,也由不得太多的选择,为了生存,留下来的法国人可谓处于水深火热之中。当霍兰德走进铁路部门时,他看到了那些工人的真实状况。小到十几岁的童工,大到五十岁的老人,他们全穿着破烂的工装,拿着各式各样的工具,在铁路上忙碌着。而在他们干活时,德国士兵又会扛着枪在他们的身边严加看管,可怜的工人一天几乎工作 20 个小时,大大超出他们体能的负荷,像一只陀螺一样旋转不停。即便如此,德国人还不满意,他们经常鸡蛋里挑骨头,对铁路工人的工作挑挑拣拣,甚至无数次地要求返工。精疲力竭的工人不停地招来德国士兵的打骂,然而只能默默忍受。至于他们的工作环境则更是差到了极点,每天住在极其简陋的帐篷中,夜晚和清晨时冷风吹透工人单薄的衣衫,极寒浸入骨髓。而他们的食物更是让人不忍目睹,每一餐都是难以下咽的硬面包。

这些场景每天出现在霍兰德眼前,更加坚定了他反法西斯的决心。同胞在遭受着如此巨大的屈辱,祖国处于危难之中,霍兰德一腔的怒火在心中熊熊地燃烧着,他感觉这怒火似乎就要喷薄而出。

霍兰德知道这些铁路工人对于德国人的残酷统治和压迫敢怒不敢言,断定在这些人中是最容易发展谍报网的,而且他们一定会团结一心,为传递情报做贡献。非常巧合的是,霍兰德刚好被分到铁路线上管理这些工人。他喜出望外,准备演一台好戏给德国人看。每一天,他强压着对工人的亲近感和无限的同情，像一个真正的德国人一样，用最恶劣的态度对待他们，霍兰德的内心承受着极大的煎熬。

看到霍兰德卖命地为德国人工作，德军渐渐地放松了警惕，并将更多的权利交给了他，这让霍兰德非常欣慰。他要赶快实施自己的计划，在这里织就一张间谍网。一天夜里，工人们照常拖着疲惫的身体结束了一天的劳作，他们缓慢地走回破旧的帐篷。夜凉如水，寒风吹来，工人们紧紧靠在一起互相依偎着取暖。

突然，帐篷的帘子被猛地掀开，霍兰德迅速闪进了帐篷内，手里抱着几条棉被。对于这个"德国人米勒"，工人们更是恨之入骨。这时，一个身强体壮的工人轻蔑地说："你想干什么？现在已经到了我们休息的时间，你难道还想让我们干活吗？我们也是人啊！"说话的人叫韦贝尔，此时他已怒目圆睁。其他的工人也随之狠狠地瞪着霍兰德。

"你们误会了，我的朋友们。"霍兰德微笑着说。看到他不同寻常的反应，帐篷里所有的工人都惊呆了，因为他们清晰地听见了自己的语言——法语。霍兰德的声音虽然低沉，但却是那么具有磁性，像涓涓细流一样流进这些同胞的心里。

"你，你是法国人？还是你会讲法语？"韦贝尔发出疑问，他那粗糙黝黑的脸上露出惊喜却又夹杂着疑惑。

"是的，我是法国人。太多的理由我还不能透漏，总之，相信我，我和你们是站在一起的。一切都是为了我们的祖国，相信我，一定会有重见光明的那一天。"霍兰德言辞恳切，眼睛里流露着充满希望的光芒，就像这茫茫黑夜中的一颗最明亮的星星。说着，霍兰德连忙把手中的棉被放下，并且将它们盖在了最小的那几个童工身上，他动作轻柔，眼睛充满爱怜地看着这些受苦受难的同胞。

"我不能在这里多留,这样会遭到他们的怀疑,我必须走了。记住,我们是一起的。"霍兰德站起来,迅速闪了出去。身后这一群工人望着他随即消失的身影,一时间还无法相信发生的一切。人们仿佛看到了一丝希望,有人摸着温暖的棉被,泪水悄悄落下。

"他是个英雄!他是个英雄!"韦贝尔嘴里喃喃地重复着这一句话。

铁路工人们似乎找到了指路的明灯,霍兰德成为他们共同的期盼,在这些苦难人的眼中,他是唯一的依靠。同胞们无需多说什么,霍兰德也无需再解释,工人们非常清楚地明白霍兰德是潜伏于此,他一定是为了法国人民在做有意义的事。

这张谍报网就这样形成了。工人们自有一套办法,一旦他们知道霍兰德的潜伏是在做着一项非常重要,且又非常有意义的事后,工人们便自发地拧成了一股绳,其爱国热情也彻底被激发出来,他们开始暗中召集了铁路系统所有的法国工人,以特殊的方式帮助霍兰德,为自己正处于危难之际的祖国尽一份力。除了尽己所能,工人们还想方设法为霍兰德搜集有用的情报,而这其中就包括最重要的火车上的工人。

这张大网张开后,霍兰德的工作很快便开展起来。平日里,他依旧小心翼翼地为德国人工作,如今,他已取得了德国人的充分信任,已被调到火车的高级车厢工作。这是个绝好的机会,火车的高级车厢里都不是普通人,而是德军专门为军官准备的高级车厢。而它恰恰是驻巴黎的所有德军军官必乘专列,在这条线路上,每天都会有位高权重,身居要职的德军军官来往穿梭。他们轻易不会离开法国,一旦离开就意味着必携带着非常重要的军事情报,或者说他们本身就是重要的军事机密。此时窃取情报,是法国间谍们最有利的时机。

一切都部署好了,万事俱备,只等最佳时机的到来。霍兰德在如此短暂的时间内便在铁路系统布下了这张巨大的谍报网,法国情报局看到了霍兰德的工作效率和成绩,对其十分欣赏,并给予高度重视。达尔西很快派新任务给霍兰德,在这段密切配合的岁月里,霍兰德和达尔西之间已经培养出了高度的信任感,建立了非常深厚的感情,它是同事间互相信任、互相体谅、默契而又珍贵的情感。

情报局收到情报,德军的一个高级军官在星期日会乘坐专列离开巴黎,而这位高级军官的手中拿着一封非常重要的军事邮件,盟军分析这封邮件中可能有德军最新的作战计划。此次,霍兰德的任务就是从这位高级军官手中弄到这份情报。可想而知,凡是高级军官的身边都会有许多士兵保卫他们的安全,更何况这些身兼重任的德军军官,其护卫者往往是身手非凡的特工,若想从高级军官的手中窃取情报绝非易事。身为间谍,上级的命令必须无条件遵行,而且不得耽误一分一秒,这就是间谍的天职。

列车徐徐开动了,继而快速前进,发出巨大的轰隆声。高级军官并没有坐在霍兰德工作的车厢内。但这并不是他一个人的战斗,与他并肩的还有同样工作在这列专车上的其他法国人,他们将全力配合霍兰德。专门负责高级军官车厢的工作人员是法国人杰弗里,他对霍兰德早已十分景仰,不仅对其过人的聪明才智、清醒理智的头脑钦佩不已,还对他充满了友爱与信任。杰弗里已然成为霍兰德的追随者。很快,杰弗里与霍兰德进行了岗位调换。

紧张的时刻就要来临,霍兰德换上服务生的衣服,端着酒杯,站在了高级军官车厢的门前。他轻轻地敲了敲门,门里面的一个大块头士兵猛地将门打开。

"你好,我来给军官送酒,我可以进去吗?"霍兰德操起熟练、流利的德语,毕恭毕敬地鞠了个躬,低头的瞬间他用眼角的余光竭力地向里面看,隐约见到一个高个子的中年男人坐在沙发里。根据自己所掌握的资料显示,那就是霍兰德的目标人物。

"不行,退出去!"大块头一边说,一边粗暴地将霍兰德推出门去,自己接过霍兰德手中的托盘。

大块头的力气很大,霍兰德被推一个趔趄,几乎倒在地上,他努力控制住摇晃的身体让自己站稳。

这个大块头果然厉害,他手上的力气大得惊人。虽然霍兰德身手很好,但也勉强有招架之力。这要怎么办呢?将大块头打晕或杀死是最简单的办法,但其风险相当高。间谍在执行任务时最忌讳的就是和对手正面交锋,或者大打出手,因为在打斗的过程中势必会造成场面混乱,引起敌人注意,导致任务失败。对于眼前的这个大块头只能智取不能蛮干,况且大块头身手一定不凡,与之打斗自己不会占上风,霍兰德一向聪明,他不会犯低级错误。最好的办法是神不知鬼不觉地将眼前的这块"拦路石"除掉,霍兰德暗中思忖着。

时不待人,这趟列车的运行时间只有短短的两个小时,霍兰德必须要在最短的时间里找到一个最好的办法。霍兰德退到列车工作人员休息室,在那里,他将刚才的一幕讲给杰弗里,二人冥思苦想,暗暗地商量对策。时间一分一秒地过去了,手腕上的表每走一秒霍兰德的心都要紧张一下,每一分钟的流逝都意味着少了一点儿机会。半个小时过去了,两个人还是没有想到切实可行的办法,一时间陷入困境,此时,霍兰德的额头上渗出汗珠,一直以来霍兰德都非常自信,他相信无论面对怎样的困难,自己都会想出相应的对策,他是绝不允许自己失败的,更不能因为无法完成任务而耽误盟军的整个计划,否则他将无法原谅自己。

正在这万分焦急的时刻,一个身穿白衣的护士忽然从霍兰德和杰弗里的眼前走过,她端着托盘,迈着急匆匆的步伐。霍兰德发现护士的托盘中放着针剂,那管针看起来非常粗。他灵机一动,想到了办法,看到针剂,他的脑海中回想起间谍学校的教员曾经教过他们使用针剂向敌人注射麻醉剂或其他一些具有麻痹敌人神经系统的药品。真是天赐良机，这恰好给霍兰德提供了一个最佳的契机。

霍兰德快步走上前去拦住了那个小护士，"怎么回事，是有人生病了吗？"霍兰德假装地关心着。

小护士显得十分焦急，脸上的表情透着紧张。"不要拦住我，我要赶快去把药品送去，迈尔军官受伤了，随军的医生十五分钟后就要给他手术，快让开。"小护士用力推开挡在她前面的霍兰德。

受伤？在间谍学校时，霍兰德简单地了解过一些医学知识，他知道如果一个人受伤需要施行手术的话，那么麻醉剂是必不可少的。而眼前恰好有人受伤，这位迈尔军官一定会使用麻醉剂，这真是一个绝好的机会，他必须抓住这十五分钟时间。霍兰德转身悄悄来到了刚才护士呆过的一个小房间，这个小房间位于尽头车厢内，霍兰德轻手轻脚地靠近它。透过门上的小玻璃窗，霍兰德看见此时房间内恰好没有人，桌子上堆着一些药品和注射器。这些医生和护士一定都赶去抢救迈尔军官了，霍兰德在心里想。霍兰德轻轻推了推门，让他没有想到的是门竟然没有锁，一向谨慎的霍兰德并没有因此掉以轻心，又仔细观察了一下四周，确信安全后，他才小心地走了进去。桌上的药品很多，他仔细辨认着，找出麻醉剂，拿了几支注射器，随后轻手轻脚地走了出去，缓缓地将门关上。在门口旁的过道边，他拿出一支烟，叼在嘴里，神情舒展自若。

小护士很快就回来了，可能是由于迈尔将军的地位和威望实在是太高，小护士神经过于紧张，以至于她根本就没有注意到霍兰德的存在，她匆忙地打开门，打开医药箱，对着手里的备品单，往里装手术的用品和药物。霍兰德仔细观察着小护士的动作，看她越发慌乱起来，翻箱倒柜像是在找什么重要的东西,霍兰德微微一笑,看来麻醉剂应该都是在自己的手上了。同时,他知道千载难逢的机会也到了。

　　他轻轻推开小护士的房门,吓了小护士一大跳。她"啊"的叫了几声,往后退了好几步。霍兰德走向小护士,死死地盯着她的眼睛,说:"我是迈尔将军的侍卫,请问你准备得怎么样了?"

　　"哦,很快就好了,马上就可以手术了。"小护士怯怯地说。

　　"嗯,那还等什么,这就走吧。"霍兰德双手插进兜里,面如铁板一块,毫无表情。

　　"可是,现在麻醉剂找不到了,明明我就放在这里的……"

　　没等小护士说完,霍兰德就勃然大怒,大声的对小护士吼道:"什么,你再说一遍,麻醉剂不见了?那怎么做手术?你知不知道,迈尔将军对我们都很重要!"

　　"我知道,可是怎么就不见了呢?"说着说着,小护士啜啜的开始抽泣了。

　　"好了,你不要哭了,迈尔将军其实是有一名私人医生随时跟在他的护卫队里的,他那里应该有麻醉剂,我可以帮你要几瓶过来。"霍兰德温柔的安慰小护士。

　　"那太好了,真的很感谢你,需要我为你做什么吗?"小护士也是一个"聪明"人,她心里十分明白要是迈尔将军出了什么差错,自己的小命也就保不住了。

　　"好的,是这样的,迈尔将军的公文包里有一份极其重要的机密文件,我怀疑给他做手术的人里面有间谍,当然我说的不是你,所以你必须把那份文件取出来交给我保管,千万不能叫别人看到,这样才能保证情报不会被窃取。"信誓旦旦的霍兰德一字一句说得十分逼真,涉世尚浅的小护士丝毫没有怀疑他的身份,一口就答应了。

"你在这里等我,我马上就回来。"霍兰德假装心急如焚的跑了出去,很快就拿回来两瓶麻醉剂,交到了小护士的手上,小护士感激涕零,搂着霍兰德亲了好几口,她把麻醉剂装好,随即走出房间。临走时,霍兰德再三叮嘱她,不能叫任何人看见,因为每一个人都可能是敌军的间谍,甚至有可能刺杀迈尔将军,所以务必尽快取出来,一旦败露,也必须保守秘密。

就这样,霍兰德轻易地取得了小护士的感激和信任,他就坐在小护士的床上,安静地等待着结果。这时,杰弗里走进来,看着洋洋得意哼着曲子的霍兰德,问道:"你有把握吗?万一她要是把我们都出卖了,后果可是很严重的。"

"呵呵。"霍兰德点点头,微微地笑了一下。"对于一个谍报人员,这个世界上根本就没有绝对可以信任的人,只有忠于的信仰。我击中了她最疼的要害,不怕她不铤而走险。这是心理学,杰弗里。"

杰弗里耸耸肩,双手张开。"哦,霍兰德,你懂得可真多。"

果然,担心自己安危的小护士,趁大家忙于迈尔将军的手术,从公文包里偷出了一个档案袋。这是一份食品紧急供应的求助函,说明敌军在战场上的食物已经严重缺少,这个情报对于霍兰德来说,简直太有价值了。拿到情报时,杰弗里不得不暗自佩服霍兰德对人心理的研究,他终于明白为什么霍兰德能够得到那么多人的信任,有那么多人心甘情愿的追随于他,其实皆源自他对人性本质的洞察,作为一个顶尖的谍报人员,要善于利用现状,找到对方的弱点和突破口,在必要的时候使用恰当的手段,当然,其方法可不按常理,也可循规蹈矩,无论怎样,对于即将发生的一切必须能够掌控全局。

那个小护士把情报交给了霍兰德,为了保守秘密,杰弗里将其掐死。整个计划,皆由霍兰德"高超的演技"主导,他轻易地取得了小护士的信任甚至是好感,再利用她将情报弄到手,其实是一个很简单的计谋,他通过对小护士言谈举止的观察,判断出她的性格和心理,因此顺利完成了任务。杰弗里也从中学习到了很多。

霍兰德和杰弗里得到情报后,火速离开列车,将情报辗转送到了法国情报局。情报中的内容充分说明了德军在战场的上物资紧缺,如此一来,作战士气势必会大幅下滑,若利用这次机会,切断德军的物资通道,同时想一切办法拖延战斗时长,尽可能将德军的战略消耗提升到最高值,迫使德军采取冒险的策略。这样,同盟国必将取得在周边战场的胜利,对德军的牵制将进一步加强。

机敏勇敢的霍兰德受到了法国情报局的高度赞扬,他敏锐的洞察力和灵活多变的处事作风令全局刮目相看,进一步确立了他在盟军的地位,其个人影响力也得到提升。

很快他接到了新的指示,是一项更为艰巨,更加危险的任务,但霍兰德从不推辞或犹豫,只要能为盟军服务,即使粉身碎骨也在所不惜,他坚信这场战争最后的胜利一定属于盟军,一定属于正义的一方。

一个优秀的人身边往往不乏追随者,追随者通常都和这个人有着共同的理想和目标,他们被优秀的领导者所感染,对其全心全意,忠心耿耿。霍兰德就是这样一个优秀的人,在他的努力经营下,追随他的人越来越多,甚至多达百人,人们称其为"百人团"。

"百人团"织成了一张巨大的谍报网,在这个组织中,有铁路工人,卡车司机;有酒吧伙计,旅馆老板,包括各行各业的人,他们追随着霍兰德,为霍兰德提供德军的情报。情报到手后,便立刻穿越与法国相邻的"中立国"瑞士,再将情报迅速地交付于伦敦的联络员,神不知鬼不觉地将一切有价值的信息传送到盟军手里。有了这个"百人团",霍兰德的谍报网越来越大,获取

二战谍雄

情报的速度也越来越快,他成为情报局里速度最快、最有效率的间谍,并得到多次嘉奖与表彰。虽然"百人团"能为霍兰德从各个渠道获取情报,但他并没有坐收渔翁之利,而是深入到更加危险的前沿,为窃取情报极尽全力。

任务接踵而来,这一次霍兰德被派往德军在法国的司令部,窃取第一手情报。众所周知,司令部就像军队的心脏,这里几乎掌控着整个军队的命运,制定一个又一个作战计划。司令部的防卫极其森严,若想进入德军的司令部并非易事,霍兰德必须计划周密,只要一个环节出现问题,必定死无葬身之地。接到任务后,霍兰德便埋头苦想,每一个设定的细节都在脑中浮现,他要将自己当作一个旁观者,审视计划中的每一个细节。终于有一天,当他再一次潜伏在司令部的大门外时,他看到了一线曙光。只见司令部的宣传板上贴着一张很大的白纸,霍兰德走进一看,原来那是一则广告,其主要内容就是想找人到司令部进行装修。这真是天赐良机,霍兰德兴奋不已。

第二天天刚亮,不等雾气散尽,霍兰德就找来一套破旧的工匠衣服,杰弗里又帮着弄来装修工需要的所有工具。一切准备妥当后,霍兰德变了一个人似的,此时的他与巴黎最普通的工匠无异。霍兰德来到司令部门前,执勤的卫兵将他拦下,他们的法语说得非常一般,而霍兰德要时刻提醒自己现在只是法国最普通的一名工匠。终于比划了好一阵子,执勤的卫兵才听明白霍兰德是来应征装修工的。而后,他们对霍兰德进行全面、细致的搜身,并没有发现任何异样,这才放心地将其带到长官办公室。

长官看起来比较和善,法语说得还不错。

"很可惜,我们已经找到了工匠,你可以回去了。"长官两手一摊,下了逐客令。

怎么会这样,犹如一盆凉水浇到了霍兰德的心上,此刻,他的大脑高速飞转,他要赶快想到一个办法,将这个来之不易的机会抓住。很快,好主意有了。

"请问你们会付给那个工人多少工钱?"霍兰德装作非常想得到这份工作的样子问。

"为什么这么问?"长官不明白霍兰德的意图,他提高了警惕。"20000 法郎。"这个和善的长官考虑了几秒钟还是告诉了霍兰德答案,而且他还故意提高了价码。

"最近我的经济状况十分不好,所以很想得到这份工作,如果你们选择我,我只收一半的价钱,10000 法郎,好吗? 而且我照样将工作做到你们满意。"霍兰德微笑着,渴盼的眼神中透着几分可怜。单纯又和善的长官绝对想不到霍兰德大学时主修的是经济学,赚钱之道于霍兰德来说非常轻松。

考虑片刻,长官说道:"好吧,那你试试看,一看你就比较灵活、聪明。"长官哈哈大笑。

聪明是一个人成功路上的助推器,聪明和智慧是间谍通往成功之路的前提。这些霍兰德都具备,所以,他又一次向成功迈出了第一步,霍兰德走进了司令部的大门,成为了这里的一名工人。

装修需要专业技术,好在霍兰德小时候就有着一颗好奇的心,家里装修时,他曾饶有兴趣地向工匠讨教。大学期间,好学的霍兰德又在图书馆阅读过装修方面的书籍,一些基本的装修知识他还是能牢记于心的。不过要想应付规模比较大,项目比较多的德军司令部装修,霍兰德的心里真有些七上八下的,一旦被发现自己不是专业装修工匠,那么危险可能随时来临。但眼下已经顾不上那么许多,完成任务才是最重要的。他要一边应付工作一边观察周围情况,找到窃取情报的最佳时机。唯一的办法便是在装修之初,未等有人看穿他的假身份就拿到情报,快速离开这里。

冲锋的战士从不打无准备之仗,霍兰德无论做什么事都会在开始之前做好部署,将所需物品准备妥当。一天后,霍兰德将事前准备好的装修图放在了司令的办公桌上。司令正在埋头看着文件,他性情温和,与其他德国军官不太一样。鼻梁上架着一副金边眼镜,身材高瘦,皮肤白皙,单从外表看,他丝毫不像一个久经沙场,在战争中运筹帷幄、决胜千里的指挥官,相反更像一个儒雅的绅士。看见装修图,司令将手中的文件放在了一边,认真地研究起来。

"不错,你画得很好。"他的声音同样非常柔和。霍兰德完全没想到眼前的这个司令和乡下穷工匠模样的人说话会是如此和善,有一瞬间他甚至觉得自己进错了房间。

"谢谢您的称赞,那么,您就选定了这个图样了,是吗?"霍兰德装作恭敬地样子,小心翼翼地问。

"我再看一下。"说着,司令拿着图纸站了起来,他拿着图纸走到藏书丰富的书架前,霍兰德看见他还找出了一本有关装修的书,对照着仔细研究起手中的图纸。

借着这个机会,霍兰德看见司令放在桌上的那些文件上写着"机密"两个字,而其中一张纸上恰恰露出了一部分,在露出的那部分上,霍兰德隐约看清楚那文件恰恰就是德军的作战地图。

在战争中,作战地图是整个军队指引战争方向的最重要的航标,无疑是军队最机密的东西。眼前的地图不就是霍兰德期望得到的那份最重要的情报吗,霍兰德万万没有想到自己刚走进这里便误打误撞地接近了这份地图。

文件足足有厚厚的一摞,霍兰德在心里猜测这应该都是作战地图的影印件,从其中拿走一张应该并不会被察觉,霍兰德的心中像擂了一面鼓,咚咚响个不停。要不要趁现在这个机会拿一张呢,霍兰德的心里矛盾极了,做着巨大的思想斗争。这短短的几秒钟仿佛有一个世纪那样漫长,时间似乎停滞了,墙上的钟发出滴滴答答的声音,每一声都紧扣霍兰德的心弦。作为一个间谍,在极短的时间内作出正确的决定是必须具备的能力,虽然霍兰德积累了很多经验,但此时,他仍感觉到异常的紧张,头皮甚至都有些发麻,细密的汗珠从额头渗出,工作服因此紧贴在他的脊背上,黏黏的。

也许是幸运之神有意眷顾霍兰德,这时,办公室外响起了敲门声,司令的秘书走了进来,漂亮的女秘书附在司令的耳边轻声耳语了一阵,司令听完便跟着女秘书走出了门。

此时如果不拿一张更待何时呢,霍兰德不能再犹豫了,机会错过便不会再来。霍兰德凭借着敏捷的行动力迅速从那摞文件中抽掉一张,他要赶快将它藏起来。

藏哪里好呢,如果藏在身上,那么很有可能在出门时被门口的警卫搜身。这个房间里会有隐蔽之处吗?柜子、书架、沙发缝隙,全都不理想。霍兰德焦急万分,但他深知,间谍的基本素质是遇事不慌,慌则乱,乱则错。他继续快速地寻觅着,将房间环视一周。很快,他注意到墙上的时钟,那是一款非常古朴的时钟,看起来十分笨重,时钟很大,钟的背部离墙面正好有一个窄窄的缝隙,这让霍兰德喜出望外,这个缝隙恰好可以塞进一张纸。时钟虽然在房间比较明显的位置,但最危险的地方也许就是最安全的,想到这儿,霍兰德迅速而果断地将作战地图塞进去。

就在地图刚刚藏好的一瞬间,门开了,司令走进来,霍兰德毕恭毕敬地站在那儿,就像任何事都没有发生一样。司令拿过图纸重新坐在了办公桌前,又看了一会,说道:"好吧,就选这一张了,施工时具体的细节部分我还会告诉你,我对办公室的装修风格非常在意,它会对工作心情产生很大影响,如果做得我满意,你会得到额外的赏赐。"

"请您放心,我一定会尽力的。那么,明天我就开始装修您的办公室,保证让您满意。"霍兰德回答得干脆利落。

走出司令办公室,霍兰德长出一口气,压抑着的紧张情绪一下得到释放和缓解,此时,他能感觉到自己的心在激烈地跳个不停。司令部大楼的后面有一个花园,花园里绿树成荫,花儿开得姹紫嫣红,美丽的景致让霍兰德顿觉心旷神怡,霍兰德来到这里,心情很快平静下来,他回忆着刚刚发生的一切,细致到和德国人每一个眼神的交流,每一句对话的内容,判断是否出现了纰漏而引起敌人的怀疑。

清晨的阳光照耀着大地,枝头的鸟儿欢快地飞舞,不时地发出叽喳声,一切如常,然而就在司令部里,一场无声的战斗正在进行。间谍是隐秘的英雄,他们的名字不为更多人知晓,但其所做的事却对战争的发展至关重要。他们要比普通的战士面对更多的挑战,抵御更多的诱惑,纵然心中有强大的正义之情,也无法像冲锋的战士那样高喊出来,间谍的世界是幽暗的,无声的。

走到司令部门口,霍兰德的紧张感再一次袭来,他甚至担心藏好的作战地图已经被司令发现,而此时的德国军官正坐在办公室等着自己呢。想到这儿,霍兰德的脚步不禁放缓了,而思维却在迅速的飞转,事前假设的几种方案,不停地被反复确认并修正。很快,他来到了办公室门前,轻轻敲开房门,之前担心的事并没有发生,一切和往常无异,这让他如释重负。司令已经派人将房间内的家具搬了出去,只等着霍兰德来装修了。

时钟依然静静地挂在墙上,霍兰德趁机赶快将情报取出来藏进工作服的衣兜里,摸着情报,霍兰德终于松了一口气,心中的大石稳稳地落了地。接下来的时间,为了避免引起怀疑,霍兰德一直都在办公室工作,没有离开半步。他小心翼翼地将办公室墙壁上的壁纸撕掉,再耐心地拿起滚刷在墙上来回滚动,给墙壁涂上了司令喜欢的蓝色涂料。做这些工作的时候,霍兰德的心情放松了许多,但他却一直在思考着怎样将这份重要的情报送到盟军手中,这才是他此行的目的。

一天很快结束了，到了司令部的下班时间。霍兰德将手中的工作放下，怀里揣着那份情报正要走出门去。这时办公室的门开了，司令的女秘书汉娜轻轻地走了进来。虽然才来这里两天，但霍兰德已经在许多司令部的工作人员口中听到了对汉娜的溢美之词，汉娜简直就是那些男人心中的女神。当然，汉娜在霍兰德看来也的确是一个美人。她身材修长，走起路来自然带着一股婀娜多姿的风韵，显得风姿绰约。而她那金色长卷发长长地直垂到腰际，远看就像一条洒满阳光的河流，随着她一步步款款走来，"金色的河水"荡漾着，美丽至极。更值得一提的是她那双大大的蓝眼睛，不仅大还很有神，清澈得像一潭明净的湖水。

而此时，这双美丽的眼睛正在看着霍兰德，闪着迷人的光芒，她微笑着，笑容神秘而妩媚，司令秘书缘何在自己面前显露如此表情？这让霍兰德有些疑惑。自己从未和司令部里的人有过交集，而且自己在这里只是一个毫不起眼的装修工，没人注意过他。怎么眼前的汉娜却对自己产生了兴趣，霍兰德的心里开始有些紧张，莫非她发现了自己的秘密？

"你好啊，我是汉娜。我注意你两天了。"汉娜的法语说得很好，脸上的笑显得更加神秘。

难道真的被她发现了？霍兰德不由得心中一紧。"你，你真会开玩笑，我只是这里的一个小装修工。我现在下班了，我先走了，明天接着装修。"说着，霍兰德想借机逃避。

"站住，不要急着走啊，晚上我们一起去酒吧喝一杯吧。"汉娜一把拉住了霍兰德。

"对不起，我还有事。"霍兰德挣脱开来，压低声音说，同时他把门轻轻关上了，他知道此时正是下班时间，一旦被别人发现自己在跟他们心中的女神拉扯，那么他将走不出司令部了。

"不要走啊，我觉得你长得真帅气，是我见过的法国男人中长得最帅的，第一眼看见你我就想认识你了。"说着，这个思想开放，性格开朗的汉娜向霍兰德走近。"我们一起去喝一杯吧！我才不相信你是个装修工，我一看你就知道你一定不是个简单的人，告诉我你的故事吧，我对你充满了好奇。"汉娜滔滔不绝起来。

但霍兰德并没有多少时间耽误，对于他来说，每分每秒都是宝贵的，他要在最短的时间内将情报传递出去。"你猜错了，我就是一个贫穷的装修工，我真的下班了。"说着，霍兰德坚定地打开门向外走去。

看到霍兰德平静的反应，一向在情场上春风得意，俘获众多男人心的汉娜气急败坏，微笑荡然无存，美丽的脸上阴云密布。"如果你不答应我的话，那么你今天就别想走出司令部。因为只要我大喊一声非礼，那么这里面所有的男人都会冲出来，你想你还能走出去吗？"

某些时候，帅气的外表甚至会成为一种负累。从读中学开始，霍兰德的身边就总是出现一些主动追求他的女孩，这的确是一件令人头疼的事。因为有生以来他只对大学的初恋动过心，其他的人再也无法拨动他的心弦。让霍兰德没想到的是，在这关键时刻，自己的帅气又一次令自己难堪。该怎样面对这样一个难缠的女人呢？

汉娜说出的原因正是霍兰德最担心的事情，他知道此时自己的处境还非常危险，只要还在司令部，他就仍然身处险境，一旦被这里的人抓住，这份情报就无法传递出去了，那么自己所做的一切将前功尽弃。为了自保，为了事业，看来这次他又要假戏真做一回了。霍兰德在心里将自己的处境分析了一遍，做出了无奈的决定。

"好吧，我答应你，我们一起去喝酒。"聪明的霍兰德卸去一脸的严肃，取而代之的是迷人的微笑。

"太好了,我就知道你够聪明。"汉娜挽起霍兰德的胳臂,霍兰德只好压低帽檐和汉娜并肩走出门。

出了门,汉娜和霍兰德肩并肩的情景着实把司令部的人都吓了一大跳,他们吃惊于一向优雅美丽、心高气傲的汉娜竟然能看上这个贫穷寒酸的装修工。所有的目光都射向霍兰德,目光中有怀疑,甚至还有鄙视。霍兰德唯有无视这些目光,心想,这样总比被人抓住好上一万倍,此时此刻,他正一心琢磨着怎样才能将身旁的汉娜甩掉。

但汉娜似乎对霍兰德真的是一见钟情,她仿佛真的爱上了霍兰德。一路上,她都紧紧搂着霍兰德的胳膊不肯松开。汉娜驾驶着车一路驶向了酒吧,这是巴黎最豪华的一间酒吧,虽然巴黎已被占领,但它却完好无损地保留了下来,成为德国人的娱乐天地。令霍兰德感到痛心的是,在酒吧里他竟然还能看见许多消遣娱乐的法国人,他们还和从前一样在这里喝得酩酊大醉,尽情地跳舞狂欢,全然没有一丝悲伤。难道他们对自己的国家的境遇竟不感到悲哀吗?难道他们都没有爱国之情吗?同胞在受难,他们竟然还能在这里肆意地欢乐? 霍兰德在心里一遍遍地问自己。他要赶快离开这个让他痛心的地方。

到酒吧后要想将汉娜甩掉就不是一件难事了,间谍学校学习时霍兰德曾接受过逃脱技术训练,而且成绩还相当不错,霍兰德放松了许多。汉娜今晚穿了一条粉红色的连衣裙,连衣裙的剪裁非常特别,从肩膀的一侧向另一侧倾斜过去,露出了汉娜美丽的脖颈和肩膀,同时两条手臂显得更加修长。裙子的下摆也非常漂亮,采用了紧身的设计,这样就将汉娜的身体包裹地玲珑有致,窈窕的曲线完美地展现出来。在酒吧迷离而又浪漫的灯光下,汉娜带着微笑的脸显得更加美丽迷人。她真是一个超凡脱俗的姑娘。

有那么一瞬间,在这别样的氛围中,霍兰德甚至都有那么一丝丝心动了,他仿佛看到了初恋那美丽的、带着笑意的面庞。自己已经很多年没再触

二战谍雄

碰爱情,在紧张忙碌的生活中他甚至已经忘记了爱情的滋味。他不愿想起心中的痛。与初恋分手的痛至今令他无法彻底忘却,时光流逝,他曾将这段记忆尘封在岁月中,让自己的神经麻痹,不再去想初恋的模样。但此刻,汉娜勾起了他对往日恋情的记忆,让人如此措手不及。他的脑海里浮现出他和初恋初次相遇的场景,那是怎样的天高云淡、云淡风轻的岁月,阳光肆意洒在两张年轻而又充满朝气的脸上,时光静静地,没有任何喧嚣,就那样平静地向前推移。他想起了他们在一起时美好的场景,那是有关青春的日子,是他生命中最快乐、最值得纪念的时光。

喧闹的酒吧中,时间在霍兰德这里仿佛静止了,霍兰德的世界在渐渐凝固。时光在他心中自由穿梭,脑海中像放电影一样,一个个片段在迅速闪现。霍兰德的眼睛有些湿润了,这些年,自己一直在为理想奋斗,而至今他才明白,对初恋的爱意丝毫没有减退,原来她一直都在,占据着他心中最重要的角落。一阵钻心的痛忽然向他袭来,眼泪几乎就要决堤,霍兰德立刻将头转过去。

看到霍兰德的表情,汉娜奇怪极了,她轻声说:"你怎么了?你在听我说话吗?"

听到汉娜的声音,霍兰德如梦方醒,他被自己刚才的失态吓了一跳,他提醒自己要面对眼前的一切,多愁善感于己于事业无益,间谍的身份要求自己不能优柔寡断、郁郁寡欢。霍兰德赶快将思绪拉回现实,看见汉娜身上美丽的衣裙,霍兰德灵机一动,想到了逃脱的办法。先假装已经被汉娜的美丽倾倒,将声音放低,也温柔了许多,他甚至凑近了汉娜的脸,轻声对她说:"你今天真漂亮,汉娜。这真让我气恼,看我,一身的寒酸。为了找回点自信,我想换身衣服。"霍兰德想借机溜走,杰弗里还在约定的地点等待接应霍兰德的情报,此时,他心急如焚。

听了霍兰德的话,年轻的汉娜像一个情窦初开的少女,脸上出现了一片绯红。在司令部,汉娜一向都以雷厉风行的作风示人,对待工作她一直像一个男人一样要强,从不会表现出任何一丝属于女人的温柔和怯懦,司令部里的人送她绰号"铁娘子"。爱情一向是一个女人生命中最重要的部分,在遇见自己喜欢的人时,女人通常就会表现出专属于她们的温柔与娇羞,像一只小鸟一样依赖在自己的爱人身边。"真的吗?你真的觉得我今天很漂亮?谢谢你的赞赏。没关系,我早有准备。"说着,汉娜从包里拿出了一件男士的西装,看起来非常昂贵华丽。"快去换上吧,我等你。"汉娜的语气中透着欣喜,满含无限深情。

霍兰德本想以这个借口在回去的途中趁机溜掉,但令他没有想到的是,汉娜竟然早有准备,甚至将给他的衣服都备好了。眼下霍兰德只能指望卫生间有逃走的机会。

"原来你早有准备,你想得真是太周到了。嗯,那好吧,我去试穿一下吧。"霍兰德无奈地说。

所有的事情都伴随着许许多多的出乎意料,让人猝不及防。当霍兰德走进卫生间时,他立刻开始寻找后门,或是可以逃走的途径,但令人遗憾的是,这间酒吧的卫生间装修豪华,完全找不到后门可以溜出去。杰弗里一定已经等得非常焦急了,见自己没来,他是否会想到自己是被德军被捕了呢?想到这儿,霍兰德焦急万分。

事世多变,机会往往就在一瞬间出现,抓住,事物就会朝新的方向发展。正当霍兰德一筹莫展时,他看到在卫生间的水池边搭着一件服务生的工作装,里面传来服务生愉快地哼唱。霍兰德不禁喜上眉梢,就这么干!为了将这份对整个盟军意义重大的情报传递出去,什么方法都是值得一试的,随即,他偷偷换上了工作服。

间谍在传递情报时,每一分一秒都十分珍贵。霍兰德迅速换好衣服,从衣兜里掏出服务生专用帽。穿上这身衣服,再戴上这顶帽子,汉娜是绝对认不出的。霍兰德将情报谨慎地藏在了衣服的里兜。装扮完毕,他就像一个低眉顺眼的服务生一样走出了卫生间。门外,汉娜正在那里等他,汉娜不时地像卫生间里面张望。霍兰德从汉娜身边小心翼翼地走过,汉娜看了一眼这个高大的服务生,但毕竟相识时间太短,她没能认出霍兰德走路的姿态。瞥了一眼后,汉娜便转过头,继续朝卫生间方向望去。化装成功,霍兰德快步走出酒吧,飞也似地向与杰弗里约定的地点跑去。

茫茫夜色中,霍兰德一边飞奔,一边将身上的工作服脱掉,只剩下一件单薄的毛衣。时值冬季,巴黎的天气十分寒冷,霍兰德衣衫单薄,冷得牙齿不停地打颤,此时,他早已顾不上冷暖,霍兰德深知情报在自己手中一刻盟军失败的风险就增加一分。他几乎使出了自己全身的力气在奔跑,很快就来到了约定的地点——一间餐厅。但借着餐厅里发出的灯光,霍兰德看见门外停着一辆黑色汽车,黑色汽车里,三个身穿黑色风衣,脸上戴着黑色墨镜的人正坐在里面,似乎也在等什么人。凭借着百人团在巴黎的秘密侦查,霍兰德知道他们正是德国的秘密警察——盖世太保,如果一旦被他们发现,那么一切都将前功尽弃。难处再一次横亘在霍兰德的面前,他知道如果自己在这里将情报交出,那么将会引起盖世太保的注意,霍兰德抑制着忐忑不安的心,小心谨慎地走进餐厅。

餐厅里,杰弗里和另外两个"百人团"里得力的助手正在一张桌子边一边吃饭,一边等他。为了防止引起盖世太保的注意,他们正坐在那里一边用餐,一边玩着类似于猜拳的游戏。事情再一次出现了转机,霍兰德看见在另一张桌子边一位德国军官模样的人正独自坐在那里用餐,身边站着一个保护他的士兵,而军官的军装就挂在了门边。霍兰德知道情报放在自己身上

二战浪漫曲

是十分危险的，那些盖世太保很有可能在某一时进来搜查餐厅里的法国人,那么秉承着最危险的地方便是最安全的地方的思路,德国军官的身上便是最安全的地方了。想到这些,霍兰德在走进餐厅的一刹那,趁着德国军官不注意时将德军军官的军装挪动了一下,谁都没有注意到,在挪动军装的一瞬间,霍兰德将情报快速地塞进了军装的口袋。

眼明手快,是霍兰德的优势之一,并且在间谍学校也受过这方面的专门训练。情报终于被放在了一个安全的地方,霍兰德走到杰弗里他们身边,在空位置上坐下,他给了他们一个坚定的眼神,然后他大声说:"你们怎么不等我就先吃了? 有点过分哦!"然后,他假装粗鲁地将一杯酒一骨碌全倒在了嘴里,像巴黎一个最粗鲁、最寻常的工匠那样。

听见霍兰德粗鲁的声音,德军军官看了霍兰德等人一眼,眼神里全是对这些穷酸工人的蔑视和鄙夷。军官看了看站在身边的士兵,士兵立刻会意,他大声呵斥道:"你们几个小点儿声! 大吵大闹地像什么样子,不要打扰长官用餐。"

"对不起,长官,我们会注意的。"几个人赶快道歉。霍兰德的心放下了,他知道德军军官真的将他们当成巴黎最贫穷的工人了,他开始和杰弗里等人玩起了游戏。不一会儿,霍兰德看见门外的盖世太保发动车子驶离。

餐厅内的德国军官用餐结束,起身将要离开。霍兰德赶紧从座位上站起,快步上前为军官取下衣服,刹那之间,霍兰德又以迅雷不及掩耳之势将情报从衣袋里抽出并藏进自己的衣服。他献媚地笑着殷勤地将衣服递到军官手中,并卑微地说:"很荣幸能为您拿衣服,长官。刚才真是对不起,打扰您用餐了。在此,我再一次向您郑重地道歉。"说着,霍兰德还深深地向这个军官鞠了一躬,但在心里,霍兰德早已将这万恶的法西斯诅咒了千万遍。

看见霍兰德谦恭的样子,这位不明就里的德军军官感到不解,他将军装穿好,一脸不屑地看了霍兰德一眼,小声地说句"谢谢"。带着他的士兵离开了。

等德军军官走远,霍兰德才从自己的口袋里掏出了情报,毫不掩饰内心的喜悦,说道:"拿到了,我的朋友们。"

杰弗里等人也露出了如释重负的笑容。

"快,快点儿,你赶快将情报送到在瑞士的联络员西蒙手里,记住,一定要万分小心,一定要亲手交给西蒙。"霍兰德用了两个一定,杰弗里感觉到了这份情报的重要性,杰弗里重重地点点头,拿上情报,飞快地消失在夜色中。

那时候,法国街道的各个角落几乎都布满了德国人,他们监视着人们的一举一动,要想将情报快速传递到盟军手里,唯一的办法便是将情报带到中立国瑞士,交给盟军方面派来的联络员。在这样危险的情形下传递情报显然是非常不容易的,但霍兰德和他的"百人团"硬是克服了这种种的困难,冒着生命危险将一份份至关重要、对盟军意义重大的情报传递了出去,为盟军的作战做出了巨大的贡献。

这份意义重大的情报就这样被智慧、胆略超群的霍兰德窃取到手了。他将情报交到杰弗里手中之后,又飞快地跑回了酒吧。此时,霍兰德的想法已经有所改变,他猛然间意识到要想从德军司令部里获取到更多的情报,那么汉娜就是一个很好的突破口,身为司令的秘书,汉娜一定会接触到许多德军的军事秘密。他决定和这个汉娜相处一下,探一下她的虚实,然后再好好地利用她。

夜已经深了,酒吧里的人渐渐离去,最后只剩下汉娜一个人孤独地坐在吧台边,她忧伤地喝着酒,身边摆放着几个空酒瓶。此时,汉娜已经喝得醉眼朦胧,但她的酒量还不错,意识还算清醒。看见霍兰德走过来,汉娜摇晃着站了起来,她已经喝得有些微醉了,嘴里说着:"你跑到哪里去了?你知不知道我一直在等你,你,你太让我伤心了。"

二战浪漫曲

霍兰德伸手扶了一把汉娜,他低声说:"对不起,我临时有点儿急事,就先走了。你看,我现在不是已经回来陪你了吗?"说着,霍兰德也端起一杯酒一饮而尽。

深夜的酒吧,这样的气氛似乎太适合爱情的滋生。人们往往在酒后容易说出真心话,因为醉酒似乎能给人以勇气,使之勇于面对心中隐藏的一切。汉娜的眼睛红了,脸颊也早已飞上两朵红云。她摇晃着手里的酒杯,眼睛有些湿润了,开始絮絮叨叨地对霍兰德说话,"你知道吗? 我对你真的是一见钟情哦。司令部里的那些男人,他们都喜欢我,对我虎视眈眈的,但是,我不喜欢他们。告诉你个秘密,司令也在追求我,但是我真的不喜欢他,你看他那个样子,一点儿都不像个真正的男子汉,倒像个白白净净的女人似的。"说到这里,汉娜露出了鄙夷的神色。她又为自己倒了一杯酒,接着说:"我一看见你的样子,就知道我喜欢的人出现了。"汉娜停顿了一下,用无比欣赏的眼光看着霍兰德,"你高大英俊,你站在那就像一棵挺拔的树一样,你脸上的轮廓分明极了,就像,就像雕塑出来的。哦,还有你的声音,充满了磁性,是我听见过的最好听的男声,迷人至极……"

看来这个年轻的女孩还真是喜欢上自己了,霍兰德在心里想。不知不觉,已经深夜 12 点,霍兰德知道自己第二天还是要出现在司令的办公室装修的,他不能因为汉娜打乱计划。"夜已经深了,走吧,我送你回家吧,你明天还要上班呢。"说着,霍兰德轻轻将汉娜从吧台上扶起来。

"不,我不要回去,我不回家,我要和你在一起。"汉娜挣脱着,但她的脚步却摇晃得越来越厉害。霍兰德只好将汉娜轻轻抱起,一直抱到了车上。霍兰德驾驶着汉娜的汽车驶回了司令部,一路上,他看着已经熟睡的汉娜,心里也泛起了一丝感动,这真是个可爱又直接的女孩,像极了当年曾伤害过他初恋的女同学,世事多变,在之后的岁月里,这位女同学将与霍兰德并肩作战,并成为他至爱的恋人。此刻,霍兰德马上给自己敲了警钟,他知道自己的头脑必须要保持清醒。

法国正处在困难时期,每个法国人的命运都不乐观,作为间谍,霍兰德时刻都将祖国的未来牢记于心,决心将正义的事业坚持到底。深夜幽暗,但黎明就在不远的前方。

第二天,霍兰德像什么都没发生过一样准时出现在司令的办公室里。当司令走进来时,霍兰德正在认真细致地粉刷着墙壁,司令满意地走出去了。看来德军司令并没有发现他的作战地图少了一张,第一步计划顺利达到目标,霍兰德心里的大石终于落了地。中午时分,汉娜出现了,她褪去了昨晚的醉意,显得轻松极了。汉娜的手里还端着一份午餐,盘子里装着牛排、鸡腿、汉堡,看上去色泽诱人,霍兰德甚至感觉到自己已经饥肠辘辘了。

"这是我为你精心准备的午餐,快吃吧!"汉娜一脸的轻松愉快,全然不像往日严肃的模样。"昨晚,昨晚我喝醉了,是吗?我没有说什么吧?"此时的汉娜绝不像一个情场老手,俨然一个怀春的少女,看到霍兰德,她的脸颊绯红。

"谢谢你的午餐。哦,别担心,你没说什么。对了,在这吃饭真是不太方便,不如我们去你的办公室吧。"霍兰德提议。而汉娜并不知道霍兰德提议去办公室是想借机看看是否有什么重要的文件。她以为霍兰德这块坚冰终于被自己的热情融化了,高兴极了。"太好了,我的办公室要比这里清静许多,也干净。我们可以坐下来聊聊天,你可以多了解我,说不定你就会爱上我的。"

爱上?霍兰德听见汉娜说的话,忽然觉得有些心酸,自己还会再爱上什么人吗?他感情世界的那扇门早已被他紧紧关闭,而且开锁的那把钥匙也已被弄丢在消逝的岁月之中。霍兰德只好对着汉娜无奈地笑了笑。

秘书的办公室通常都与上司的办公室相邻,果然,汉娜的办公室就在司令办公室旁边,只有狭小的一间。虽然空间小,但收拾得却非常整洁,房间里

二战浪漫曲

的物品很少，只有一张办公桌、一张椅子，以及一个文件柜，再无其他东西。霍兰德走到文件柜边，只见文件柜里整整齐齐地码着许许多多的文件，但似乎都是一些非常普通的文件，这倒也符合常理，重要的文件怎会放在秘书的办公室里呢！霍兰德失望地转过身去。汉娜并没有发觉霍兰德有什么异样，她热情地招呼他坐下，开始滔滔不绝地讲起自己的喜好。但霍兰德并没有听进去，汉娜的话就像耳边风一样消散了，不过，他还是极力配合，汉娜还是有利用价值的，就算硬着头皮也要装作很感兴趣的样子听下去。

　　机会永远只留给那些有准备的人，属于有计划的人。经过连续几天的观察，霍兰德注意到了一个细节。每次司令将汉娜叫到办公室后，汉娜走出来时都会捧着一些文件，然后将这些文件逐一送到各个部门的办公室里。在这个过程中，文件绝没有经过他人之手，只有汉娜一个人接触到它们。看来汉娜是个至关重要的突破口，霍兰德暗暗为自己得意。虽然只有汉娜一个人接触这些文件，但在她拿着这些文件的一路上有许多德军士兵把守着，霍兰德是无法直接从汉娜的手中窃取到情报的。

　　苦想数日，霍兰德都没有找到一个万全的办法。看来还是要采取一些非常手段才行，霍兰德在心里忖度着。从小到大，他一直都是个善良的人，秉承着诚实的信念，不做害人害己之事，但这次他要采用特殊办法了，否则将无法得到重要的情报。星期天下午，霍兰德无意中听到汉娜谈起星期一早晨司令部要召开一个重要的军事会议，所以汉娜早早地钻进会议室去布置第二天所需之物。来司令部有一段时间了，霍兰德渐渐摸清了司令部做事的一些规律。的确如此，每当汉娜提前一天布置会议厅时，这就证明第二天司令部里要召开重要的军事会议。这一次，机会来了。霍兰德让助手杰弗里找来了一小包泻药，快下班时，霍兰德亲自去咖啡馆为汉娜买了一杯咖啡，在一个无人的角落，他将泻药倒进了杯子里。

做这事时,霍兰德感觉到自己的手在微微颤抖,毕竟这是在伤害汉娜,难免有点心虚。不过所有的事情都具有两面性,如果伤害了汉娜一个人能够换取一份对盟国人民有益的情报,那么这件"坏事"就是有意义的。为了正义的事业和心中的理想,霍兰德的手不再颤抖。敲开汉娜办公室门的时候,她正埋头写着什么,看见霍兰德走进来,汉娜惊讶极了,她没想到霍兰德会主动敲自己的门,而且手中还端着为自己准备的咖啡。

"下午好,汉娜。知道你工作辛苦,我特意为你买了一杯咖啡,请慢慢享用吧。"霍兰德无比绅士地说,同时轻轻地将咖啡放在了汉娜的办公桌上。

此时,汉娜早已感动得无法自已。"你终于学会关心我了,我真高兴,谢谢你的咖啡。"汉娜端起咖啡喝了一口,"充满爱的味道的咖啡真好喝。"接着将整杯咖啡喝光了,幸福的笑容洋溢在脸上。

星期一,阳光明媚,霍兰德早早来到办公室向墙上贴着壁纸,这些壁纸来自遥远的东方,是司令最喜欢的式样,霍兰德贴得格外小心,生怕弄坏了一毫一分。但他绝不止专心地贴壁纸,肩上的重任才是他时刻牢记的,阿尔列依说过:获得有价值的情报才是间谍存在的价值和意义。霍兰德竖起耳朵,仔细听着门外的动静。7点钟,门外响起了许多脚步声,这些脚步在向会议厅迈去,不一会儿走廊里又恢复了宁静,他知道会议开始了。大概过了半个钟头,霍兰德听到走廊里传来了急匆匆地脚步声,而且是高跟鞋的声音,那一定是汉娜。

霍兰德赶快走出门去,他看到汉娜急匆匆地走过来,脸上带着痛苦的表情,手捂着肚子。"你怎么了,汉娜?"霍兰德关切地上前扶住汉娜。

"不知道怎么回事,好像是吃什么东西把肚子吃坏了。"说完,汉娜快速跑向了卫生间。

泻药果然发挥了作用,霍兰德预感重要情报马上就要到手了,但望着

二战浪漫曲

34

汉娜痛苦的背影,心里有一些愧疚,甚至还有心疼,毕竟这个单纯的德国女孩是无辜的。这么久以来,汉娜一直在关爱着自己,甚至在祈求爱,但换来的却是心中的爱人如此处心积虑、绞尽脑汁地利用。只是,自己为了完成任务,也只能默默地对她说声"对不起"。

过了一个小时,会议结束了,各个部门的德军军官从会议厅里走出来,走廊里又响起他们的皮鞋发出的沉重的脚步声。军官纷纷走回了办公室,其中有一些立刻坐上汽车去执行刚刚接受的任务。走廊里又恢复了宁静。

大概又过了半个小时,走廊里响起了高跟鞋的声音,显得很清脆,但同时也很急促。霍兰德走出门,迎面正撞上了急匆匆走来的汉娜。"你怎么又是这样急匆匆的,身体好一点儿了吗?"霍兰德关切地询问。

"还是不行,肚子还是很痛啊,我硬撑着才把会开完。哦,天哪,我还得去卫生间。"汉娜脸上的表情更加痛苦,额头上都渗出了细密的汗珠。

"来,我帮你拿着,你快去吧。"霍兰德关切地说,汉娜谨慎地抬头看了一眼,但想到与霍兰德相识多日,觉得他可以被信任,况且一个装修工并不会对德军造成什么威胁。迟疑了一下,汉娜将那些文件放在霍兰德的手中,匆匆地跑向卫生间。而这边,霍兰德马上拿出早已准备好的带有微缩功能的相机,迅速从那些文件中抽出了一张,来不及细看,霍兰德赶快用相机将情报拍摄下来。

做完这一切,汉娜正好从卫生间里走出来。"快来这里,我帮你准备了治疗的药片,快吃下去吧。"霍兰德迅速扶住汉娜,将她拉到房间,霍兰德早已准备好了药片和一杯正冒着热气的水。

"你想得真周到啊,谢谢你!我真感动。"汉娜赶快将药吃了下去,眼神里全是感激。吃完药,汉娜拿着那些文件走了,没有一丝怀疑。

晚上,霍兰德来到和杰弗里约好的地方,他打开相机,看到那些文件正是德军的最新作战计划,霍兰德终于如释重负地笑了。杰弗里带着这重要的文件离开了,直奔瑞士,与联络员西蒙会面。

司令的办公室不算大,装修工程很快就结束了,霍兰德不得不离开这里。这期间,霍兰德可谓收获颇丰,为盟军指挥部提供了许多有价值的情报,并得到阿尔列依的最高称赞。收拾好东西,霍兰德要和这里说再见了。

走出司令部大门时,霍兰德听见身后呼唤他的声音,那是汉娜。在霍兰德心底,他并不是对她毫不动心,这个单纯可爱的女孩渐渐吸引了他,以至于自己对她有了一丝丝喜欢。以后不会再有一个人像汉娜这样每天送来丰富的午餐,在他疲惫时送来一杯水,在他的耳边絮絮叨叨地说一些开心的事情,想到这儿,霍兰德不禁感到失落。

"你真的要走了吗?给我你的地址吧,我去找你。"汉娜不由分说,掏出了纸和笔。

"不必了,汉娜。我们以后都不会再有交集了,我们的世界还是相差得太远,你自己保重吧。"霍兰德的眼睛看向远方,他第一次不敢直视这个女孩。

"那么我问你最后一个问题,一个你从未给过我答案的问题,你爱过我吗?"汉娜的眼睛直直的,全是期待的目光,这目光足以将霍兰德的心刺痛。

听到它,霍兰德僵住了,一时愣在那里,他不知道该怎样回答汉娜。自己爱过汉娜吗?扪心自问,他无法确定。清晨的阳光温柔地洒在霍兰德身上,在这暖融融的阳光里,汉娜的脸上仿佛也散发着光晕,更添了一份别样的动人,那是一种霍兰德从未见过的美丽。此时此刻,眼前这个女孩仿佛越来越远,远到似乎她与自己不在同一个空间,甚至,她就是在梦里。到底对汉娜动过心吗?事实上,霍兰德对她动了心,她像一缕明媚的阳光,照进自己的世界,她的生命力如此旺盛,爱得那么直接与炽热。她的爱点燃了霍兰德的心,将他感情世界久闭的门轻轻开启,虽然只有一个缝隙,但她生命的阳光已然

二战浪漫曲

照进自己的心里,那么温暖、明亮。是她让霍兰德再次体会到久违了的爱的味道。但为什么却看不清汉娜的脸呢?为什么她这么近,却又那么远?

因为这不是爱情,对于霍兰德来说,这只是一种关心,一种关爱,最初,他只是将汉娜看作一颗可以利用的棋子,一颗对自己的事业有用的棋子。汉娜的关爱着实让霍兰德感动,但感动不是爱,不是心心相印的爱情。在他心中,爱情是心有灵犀的默契,是坚不可摧的深情,那是一种两个人并肩站在一起,像两棵互不依靠却又紧紧相拥的树,能够共同面对人生的风风雨雨。他的初恋曾给了他这样的爱,事实上,至今为止,没有人能代替初恋的位置。

爱情不能掺杂任何其他附加成份,霍兰德圆满地完成了任务,面地汉娜的深情,他该给她一个答案。况且,在霍兰德的人生信条中,从没有"犹豫不决"四个字,他知道自己的人生一定要活得精彩,要奉献给正义的事业,绝不能庸庸碌碌渡过平凡的一生。

"对不起,我没有爱过你,我只是把你当作一个很好的朋友。我必须要离开这里了,请把我忘记吧。"霍兰德决绝地说,眼神坚定执着。

听到霍兰德这样的回答,汉娜的表情仿佛瞬间凝固了,犹如结了一层寒冰。"你说什么? 没有爱过我? 这么久以来我对你的关心,都没有感动过你吗? 难道一点点心动都不曾有吗? 你是不是心里装着别人?"汉娜的态度强硬起来。

"谢谢你这么长时间对我的关心,我从心底里感激你。但是,汉娜,你知道吗? 爱情是相互的,爱情是两情相悦,两个人彼此相爱,并非是感动换来的。的确,我的心里装着别人,那是我今生最爱的人,我们无需任何语言,却能清清楚楚地知道对方在想什么,我和她之间有旁人无法替代的默契,仿佛像在很久以前就相爱了,那真是一种妙不可言的情感……"

说了这些,霍兰德又陷入了和初恋那段美好的回忆中,他仿佛回到了生命中最美好的岁月,眼神像一潭平静的湖水,闪着幸福的光。

"够了,不要说了。告诉我,她是谁?"汉娜气愤至极,凶神恶煞般质问霍兰德。从前小鸟依人的娇羞神态早已不见了踪影,她又变成了那个像男人一样要强的"铁娘子"。

"你找不到她了,她或许早已经不在这人世。"霍兰德的神情一下子从幸福变为黯然和失落,一瞬间,他的眼泪几乎就要掉下来,语气中充满了淡淡的忧伤。让他没有想到的是,多少年了,他竟在这样的地方,在这样的时刻提起此事,还有他挚爱的初恋。

汉娜心痛不已,"没想到我竟然被一个死去的人打败了,你走吧!"随后利落地转过头,泪水终于决提。

"再见,保重!"霍兰德轻轻地说,挥挥手,他大踏步地离开了这里。身后的汉娜悲痛欲绝,霍兰德没有回头,他知道自己既然已经选择了远方,那就要抛掉一些该舍弃的东西,天边的太阳正指引着他在这条正义之路上走得更加坚定。

很快,霍兰德的大名在法国情报局中传开,并受到了阿尔列侬的最高奖赏。但霍兰德作为法国情报局最有效率的间谍,他没有轻易的沾沾自喜,甚至懈怠下来,他还要收集更多对盟军有利的情报。

以后的时间,霍兰德继续默默地在背后做一个无名英雄,后与大学时期的一位女同学成为战友,并相爱,二人同为间谍,并肩奋战在反法西斯的战线上,他们的战场虽然没有炮火,却惊心动魄,他们就是二战的隐秘英雄。

南希·韦克

她是一个间谍，曾经是第二次世界大战时期德国纳粹通缉令上的头号人物，她为反法西斯事业做出了杰出的贡献，那些足以铺满一张四方桌面的珍贵勋章证明着一切，鲜明的个性总使得她成为人群中闪耀的亮点，深入骨髓中的反叛精神使得她的一生跌宕起伏、坎坷不平，她就是出生于新西兰的南希·韦克。

有女初长成

　　在大洋洲有着许多美丽的城市，新西兰的首都惠灵顿就是这些美丽城市中的一朵瑰丽的宝石。

　　1912 年的夏天，在距离市中心不远的一栋独立的房子外面，一个 40 多岁，身材粗犷的男子正在门外不断徘徊，屋内则连续不断地传出女人分娩时痛苦的声音。他几次都想推门而入，最后却将刚刚搭在门上的手缩回去，这个人不是别人，正是南希·韦克的父亲，伯爵特纳德。而这个即将出生的孩子就是南希·韦克。

　　虽然南希·韦克出生在一个富裕的家庭，但由于忙于事业，再加上孩子过多，父母根本没法专心照顾每一个孩子，这使得南希·韦克从很小的时候就学会了独立，当其他同龄的孩子还在父母怀里撒娇时，南希·韦克已经学会了如何一个人照顾自己。长大以后，她入职一家医院，而一向独立的她为了躲避父母安排的宿命，决定前往欧洲。

　　金黄色的沙滩在明媚的阳光照耀下有些晃人眼，蔚蓝色的大海依旧是那么的广阔，风温柔地掠过大海美丽的脸庞，太阳用它十足的热情温暖着海的心房，而海，在大自然的呵护下仿佛是一位优雅的贵妇，令人陶醉不已。

　　站在海岸边的悬崖边上，南希望着此情此景静静地思考着，思考着她的目标，也思考着她的人生和未来。

　　此时的南希正值芳华，她在医院工作了三个多年头。三年里，南希见识了太多太多的生离死别和人情冷暖，这使得她越发变得成熟和稳重，此时的她再也不是原来那个懵懂的小姑娘了。

外面的世界就如同自己面前的大海这样广阔,自己应该是那翱翔于天际的海鸥,去见世外面的风浪,而不是做慵懒的树袋熊,生活在狭小的一个地方。

这一天,南希接到了意外的一份邀请函,邀请函上面写着她的名字,而发给她这份邀请函的人正是与自己阔别了三年的保尔·迪克船长。

在寻梦酒吧,南希再次见到了保尔·迪克。虽然此时的保尔·迪克因为风吹日晒的原因变得更黑了,但是他那犀利的目光和瘦弱的身材并没有改变。今天是他们庆功的日子,整个酒吧都被保尔·迪克包了下来,庆祝他们这次航行的顺利结束。

船员们在那尽情地喝酒,肆无忌惮地说笑,大口大口地吃着美味烧烤,而南希则陪同保尔·迪克坐在一个安静的角落,听着酒吧内充满快乐、开心地喧嚣声。

"这次什么时候起航?"再进行了简单的问候之后,南希一口喝下了玻璃杯内的清酒,之后开口询问道。

看着南希一口喝掉了杯子内的清酒,保尔·迪克一下子愣住了,因为在他的记忆中南希一直是文静的女孩,从未如此豪爽地喝过酒。

"怎么会这么问?我们才到这,还得休整一段时间!"保尔·迪克也将自己杯中的烈酒一饮而尽,长长地吐了一口气之后,对南希说道。

"我想去欧洲,如果你们什么时候回去顺路带我一个吧!"看到保尔·迪克空空如也的酒杯,南希拿起她面前的酒瓶又给保尔·迪克倒上了,一边倒酒,南希一边跟他说道。

"这里工作得不开心吗,怎么想要去欧洲啊?"

"就是想去外面的世界走一走,不想一辈子都呆在一个地方!"

瘦弱的保尔·迪克船长用他布满厚茧的双手摇晃着酒杯，原本犹如雄鹰一般犀利的眼神此时也变成了一注柔情的潭水，注视着南希。

正是妙龄的南希浑身上下洋溢着青春和朝气，金色的长发，蓝色的眼眸，白皙的皮肤，再加上多年工作所积累的知性美，就如同一朵娇艳的郁金香一样吸引着许多人的目光。而且，因为喝酒的原因，淡淡地红霞悄然爬上了南希的脖颈以及面颊，更为这朵娇艳的郁金香增添一份姿色。

"这样也好，在一个地方呆久了确实会无聊。这样吧，我们还得休整四五天才能再次去伦敦，到时候你跟着我们一起去吧。不过，有一点我得提醒你，欧洲那面刚刚结束了混乱的局面，你最好挑一些比较大的地方，乡下的小地方很可能还会存在隐患。"

大海广阔无际，保尔·迪克的船犹如一片树叶，在茫茫的海中缓缓前行。海风肆意地吹过海面，卷起滚滚海浪，淡淡地盐味在空中弥漫。

依靠在护栏上，望着深蓝色的大海，南希内心既有对踏上未知土地的兴奋，也有对未来的担忧。三天前，南希毅然决然地辞去了医院的工作，带着自己的行李箱和这些年所积攒的积蓄踏上了保尔·迪克的船只，开始了奔向欧洲的旅程。

二
战
谍
雄

飘荡在欧洲上空的一战硝烟早已随风散去,但是被战火荼毒地痕迹却深深地埋在了每一个人的心底,成为永恒的痛。生命和鲜血成就了一些人的功绩,同时也再次向人们展现了战争的残酷。

太阳依旧每天升起,人们的生活依然会继续下去。一战过后,百废待兴,一栋栋被摧毁的房屋迅速被修复,一个个工厂再次开动了机器。

保尔·迪克的船只是在英国的一个伦敦港口停泊的,告别了保尔·迪克,南希独自一人开始了自己的欧洲之行。

繁华的大都市,喧嚣的街道,拥挤的人群,这是南希登上伦敦之后,对这里的第一印象。

南希独自游荡在伦敦繁华的街道上,一边欣赏都市的美景,一边开始寻找旅馆。很快,她便在一家服饰店旁边找到了住处。

南希躺在旅馆内巨大软床上,望着天花板思考着自己的出路:自己做过护士,如果去医院找工作应该很容易,可是这样又与原来有什么不同呢?如果有一个既能养活自己,又能四处游览美景的工作该多好啊!

可能因为旅途劳累的原因,南希渐渐进入了梦乡。

清晨,明媚的阳光透过斑驳的树叶映入到南希的房间,一缕阳光刚好照射到南希妩媚动人的脸庞,南希依然在熟睡。

"铃铃铃"床头的闹钟响起来。这是昨天刚刚进入旅馆时就设置好的,因为她今天有很多事情要忙,找工作、收拾东西等。

旅馆里的洗漱间打扫得十分干净，内部布置简单、整齐。睡眼惺忪的南希用冷水洗了一把脸，冰凉的自来水一下子就让她打起了精神。

"叮咚叮咚"门口突然传来一阵门铃声。

打开房门，原来是酒店的服务生给客人送早点的。"您好小姐，这是您的早餐和报纸。"

"谢谢！"从服务生的餐车上取走自己的那份早餐和报纸后，南希随手关上了房门。

"嗯？"刚刚咬了一口色泽金黄的三明治，南希突然愣住了。

南希的目光一下子被桌子上那份报纸所吸引了。这不正是自己最理想的工作么？记者，只要自己成为记者，那么既可以四处浏览美景，也可以得到一份养活自己的工作。

此后的几天时间里，南希陆续地跑了很多家报社，得益于多年的工作经历以及南希亮丽、迷人的外表，南希很快便从一些应聘者中脱颖而出，成为了伦敦一家报社的实习记者。

虽然成为了一名实习记者，但隔行如隔山，从未当过记者的南希付出了许多辛劳和汗水，她虚心地请教报社中的每一个记者、编辑，向他们学习如何采访、如何进行提问。因为她虚心好学、勤奋刻苦，同事都对她充满了好感。虚心好学的南希很快有了很大的进步，她的身份也由一名实习记者转变为报社的正式记者，负责日常的采访工作。

此后的一段时间里，南希开始了她一生中最为轻松、愉快的一段时光。她被陆续地派往欧洲各地进行采访活动，每到一个地方，南希都会再采访完毕后，用剩余的时间进行游览，正因如此，南希积累了很多人生经验。

她去过有着万种风情的浪漫之都巴黎。巴黎同时也是世界文化艺术中心，塞纳河畔的风景，夜晚闪烁的霓虹，犹如装点大地的星辰一样，不断地闪烁着。

南希还特意去了一趟波兰,因为她要去祭拜一个人,一个属于全世界、全人类的伟大作曲家,被称为"钢琴诗人"的肖邦。除此之外,罗马的大教堂、西班牙的斗牛场、希腊的雅典神庙等都留下了南希的足迹和身影。

时间如水,岁月如梭,两年时间转眼悄然流逝,此时的南希已经游遍了大半个欧洲,21岁的她身上洋溢着一种知性美。她采访了许多人,报道一篇接一篇,南希出色的表现使其成为伦敦记者行业中的一朵奇葩。

在这两年间,最让南希难以忘怀的就是发生在德国的动荡。

一战结束后,当时的德国作为战败国,依靠着从美国借贷货币得以发展。但是,到了1929年10月,从美国而来的一场经济危机席卷了大部分国家,欧洲各国也没能幸免,其中德国受害最为明显。经济危机的到来使得当时德国许多企业纷纷倒闭,数百万人因此失业。

就是在这样的特殊的历史环境背景下,一个战争狂人,一个残忍的屠夫敏锐地抓住了这一机会,在德国掀起了滔天巨浪。他就是后来的第三帝国的元首兼总理阿道夫·希特勒。

对于德国所发生的一切,欧洲的各国所持有的态度各不相同,有的是防患于未然,及早就进行了防范,有的则不以为然,认为他们只是再自己的国家进行搅风搅雨而已。但是有一点毫无疑问,那就是希特勒此时已经是整个德国,乃至整个欧洲最为耀眼的一个新闻人物,而南希这一次接到的任务就是采访正在维也纳的希特勒。

维也纳作为奥地利的首都,其地理位置十分特别,维也纳盆地之中景色宜人,三面都被群山包裹着,美丽浪漫的多瑙河从城中穿过,四周环绕着世界闻名的维也纳森林。这里是音乐的天堂,是享誉世界的音乐之城,很多音乐大师都是从此地走向全世界,他们在这座音乐之都留下了浓重的一

二战浪漫曲

笔。比如约翰·施特劳斯的《蓝色多瑙河》《维也纳森林的故事》等。在维也纳的许多地方都矗立着这些非凡人物的塑像,不少街道、礼堂等也是以他们的名字命名。

此时的希特勒可谓是风光无限的再次回到了维也纳,对于这座给他留下深刻印象的城市,希特勒有着特殊的感情。他失败的求学之路在这里,他一生中最为穷困,成为流浪汉的那段时间也是在这儿。他对维也纳的文艺气息深深的眷恋着。

希特勒此时的身份已经非同一般,并不是普通人能够采访得到的。几经预约,南希·韦克终于获得了一个和其他记者一起采访希特勒的机会,而这个机会也是希特勒继续为自己造势的方式。

这一次采访的地点是党卫军精心挑选的一座大礼堂,礼堂内布置非常的奢华。屋檐上是有着独特艺术风情的浪纹,洁白的墙体上挂着许多举行的油画以及壁画,壁画多是一些宗教、神话题材的,油画中有许多都是一些闻名世界的著名画家的作品,每一幅都有着很高的艺术价值。棚顶悬挂的则是晶莹剔透的水晶吊灯,映射在地板上的红色地毯上的时候,将这个屋内照耀的富丽堂话过。

除了这些装饰外,整个礼堂内最为显眼,布置最多的就是纳粹党的"卐"字旗子。

作为纳粹党的领袖,德国的元首,希特勒的安全已经上升到了最高的级别,为了防止遭到政敌的刺杀,整个会场遍布着党卫军,他们身着深青色的军装,臂膀上绑着红色的纳粹"卐"字标记。对每一个进入会场的记者严格检查,当然也包括女性记者,而记者们携带的相机更是检查的重点。作为党卫军,他们知道现在已经有了一些专门用于暗杀的特殊工具,相机手枪就是其中的一种,为了保护自己的元首和精神领袖,他们必须对带入会场的每一个相机都进行严格的检查。

　　在经历了严格的检查之后，南希·韦克被安排到了第三排的中间的一个位置。南希环顾了一下四周，相隔不远的距离就有一个全副武装的党卫军仔细地观察南希他们这些记者的每一个举动，其他的许多同行记者则对虎视眈眈地党卫军视而不见，显然他们已经见惯了这种情况。

　　南希·韦克刚刚坐下不久，在四个纳粹党卫军的拥护下，一身深色军装的希特勒缓缓地走进了会场，在主席台地位置坐了下来，面带微笑地审视着自己对面的这些记者。

　　当希特勒默默审视时，护卫希特勒的一名党卫军站在台前，严肃地对记者说道："进行采访之前，有一点我需要指明，那就是严禁无序询问，要提问先举手示意，得到许可才能开口询问，否则一律清除会场。"

　　很快，记者会开始了。记者们争相举手示意，向希特勒提出各种问题，有询问他获得大选胜利的感想，也有询问他一些政治方针的，向他询问如何改善德国民众现在的处境等等。

　　不得不说，希特勒是一个很有演讲才华的人，他的话很有感染力，但是到了后来，记者会仿佛变成了希特勒的演讲会一样，他不断地向记者们阐述着自己的构想，德国的未来道路。

　　而在他回答是什么将德国逼入现在的处境时，希特勒将矛头直指犹太人。希特勒的言辞非常激烈，将德国目前的处境都归咎与犹太人，指责他们是黑心的资本家，当德国正在水深火热的时候，他们仍在哄抬物价，造成了今天的这种局面，希特勒还毫不留情地污蔑说："犹太人根本就是一个不应该存在的种族，是一个充满了劣根的劣等民族。"将来他必定要改变这种现状，还德国民众一个公道。

　　虽然记者很想继续提问，但是没有人敢去打断仿佛在做演讲的希特勒,会场里面这些虎视眈眈的党卫军可不会因为你是一个记者而对你网开一面,他们的心中只有一个人,那就是他们的精神领袖——希特勒。

当希特勒发表演说时,党卫军充满了无限的崇拜,对于这些忠心耿耿的党卫军来说,瘦小的希特勒俨然是心中的巨人。

记者们在台下拿着纸笔飞速地记录着希特勒演说的重点,回去以后他们还要从这些零散的片段中提炼出重点,发给报社。

当希特勒结束他那充满了蛊惑性的演说之后,记者纷纷拿出相机开始进行拍照。刹那间,会场内白光闪烁,耀眼夺目。希特勒非常自然地坐在那儿,神情严肃的让记者自由拍照。

不久之后,欧洲的各个报社纷纷报道了这次采访,而且皆为头版头条。南希·韦克的采访记录也很快传回了报社,至于内容则和其他的报社差不多。但是在南希·韦克的心中,已经将希特勒定义为一个危险的战争狂人和种族主义者。

以后的几年时间里,南希·韦克一边去欧洲各地进行采访,一边游览各处的美景。在这段时间里,南希·韦克通过所见所闻更加验证了她对希特勒的评价。

如果认真追溯的话,希特勒的种族主义倾向早在很久之前就已经露出端倪。当希特勒因为第一次政变失败而被关在监狱时,他就撰写了《我的奋斗》,在这部作品中,他的极端主义尽显无余。

纵观整个德国的历史,如果要对一些最具影响性的书籍进行一次排名的话,希特勒的《我的奋斗》是可以排在前几位的。之后,盟军对希特勒做人格分析的时候,这本书成为了主要的参照物。透过这本集国家主义、帝国主义、种族主义、反民主主义以及反犹主义的综合著作,盟军分析出了许多希特勒的性格特点,这为后续盟军的诺曼底登陆以及其他一些战役提供了军事参考。

希特勒的《我的奋斗》一书中,最为主要的一条主线就是反犹主义。而希特勒更是声称必须撕毁压在德国民众身上的凡尔赛和约,并且向德国人民的死敌法国进行复仇。

对于希特勒《我的奋斗》一书,以及希特勒的一些演说,当时的英法等国并没有太过重视。一方面是当时英法两国所采取的绥靖政策,另一面也是他们掉以轻心。在他们看来,希特勒所说的那些只是为了竞选胜利而夸大的一些话语而已,没有认为他会真地再次挑起一场战争,将德国拖入战争的泥潭。

《我的奋斗》一书可以说为希特勒涂上了一层保护色,它的发行迎合了当时德国民众的愤懑情绪,因而获得了很大的发行量,流传非常广泛。到了希特勒彻底掌握了德国大权之后,这本书更是成为了当时德国中小学的教材,是法西斯理论与行动的纲领,也是整个纳粹党的"圣经"。

当南希在德国境内的一些地方进行游览时,随处可见带着"卐"字纳粹党成员在进行疯狂地搜捕。从 1933 年起,希特勒集德国总理、总统权利于一身,并且在获得了授法权之后,开始了他对犹太人的大规模清洗活动,反犹行动逐渐发展起来。

在德国境内的南希亲眼目睹了纳粹分子对于犹太人的迫害,无数的犹太公务人员被开除,接着,希特勒通过自己的立法权对犹太人进行了更加严酷的迫害。

希特勒和纳粹分子疯狂的种族主义让南希再也无法忍受,她接连写了好几篇文章、拍摄了许多纳粹分子迫害犹太人的照片给报社,希望能够引起更多人们的关注。但是,等待了许久,她得到的回信却是,这是德国内部的事情,跟我们没有任何关系,不要被卷入这汪浑水之中。

不难看出，报社很可能受到了来自国内的禁口令，不准参与报道有关德国的事。对于德国境内发生的这一切，英国、法国等国除了发表一些抗议外，没有采取任何措施，或许在他们看来这只是德国自己内部的事情，跟自己国家没有任何牵连。可是，英、法等国又怎么能够想到，就是这个被他们定义为自大的、疯子一样的政客，却在欧洲掀起了一场滔天战火，将整个世界都拖入了这场战争的泥潭中。

此时的南希心情非常低落，一方面不忍看到那些被纳粹迫害的可怜犹太人，另一方面是因为报社的态度，她怎么也没有想到自己得到的居然是这样的回复。

南希·韦克非常清楚，自己一个人的力量是非常有限的，既不能阻止纳粹分子的迫害行动，也没法改变希特勒的意愿。原本寄托她希望的报社此时也已经无法依靠，她只有选择离开、逃避。

此时德国虽然动荡不安，到处都是搜捕犹太人的纳粹分子，但是南希凭借着身上的记者证，以及当时采访希特勒时，党卫军内部签发给他们的特殊通行证，南希畅通无阻地离开了德国，奔向法国。

虽然南希在离开德国的时就已经将辞职信交给了报社，但是她将记者证和纳粹党卫军签发的特别通行证保留了下来。在离开德国路途上，南希已经充分地意识到这两个证件给她带来的便利，她想着，这两个证件以后肯定会有大用处，所以一直没有上交给报社。

紫红色的云霞渲染着天空最后的色彩，落日散发着余晖。南希·韦克登上了去往巴黎的火车，透过车窗，望着天边即将落下的太阳，内心逐渐变得平静，思绪也随着火车渐行渐远……

二战
浪漫曲

南希刚刚结束了记者工作,带着这些年的积蓄再次开始了求学之路。出色的外表,得体的言谈,再加上丰富的阅历,她很快就被一所大学所录取,更加系统地进行新闻专业地学习。

在校园中,天生丽质的她可以说是学校中的校花,学校里追求她的男孩子很多,常常引来其他女孩子的羡慕和嫉妒。

她拒绝了一个又一个的追求者。南希有自己的想法,她并不打算在大学谈一次恋爱,而是希望更加系统地学习一些新闻专业的知识,将来好成为知名的记者或者编辑。但是,谁知命运偏偏喜欢捉弄人,爱情就犹如洪水一样,一下子将南希心里的堤坝彻底击溃。

在五十周年校庆的晚上,学校举行了舞会,南希和她的好朋友爱莎也去参加。爱莎是南希的同学兼室友,平时她们经常双出双入,无话不谈。南希本来是不想参加舞会的,但实在是拗不过爱莎,只好随她去。

舞会在学校的礼堂举行,礼堂是典型的欧洲建筑风格,装修华丽,浓缩着学校的历史、文化和艺术的精华,充满浓厚的艺术气息。很多同学都已经来到了这里,迫不及待的等候着舞会开始。大家看到南希也来参加舞会,很多男同学不禁沾沾自喜,终于有和她接近的机会了。

舞会开始,一位主持人走上台,他西装革履,颈前系着一个黑色的蝴蝶结,很绅士地向大家鞠了一下躬,说道:"亲爱的同学们,你们好,很高兴你们能够来到这里参加舞会,庆祝学校五十周年校庆。在过去的五十年里,我们的学校培养出一大批优秀的人才,取得了骄傲的成绩,我们应该为伟大的母校感到自豪,请大家为母校的生日鼓掌。"台下响起一片热烈的掌声,此时,同学们的心情异常激动,还有一些男同学,一边鼓掌一边不时地悄悄偷瞄着南希。

"好,我宣布现在舞会正式开始。"

舒缓的舞曲响起,悦耳动听的音乐让人沉醉。爱莎早已和一个帅哥去跳舞了,把南希抛在了脑后,有几个男生过来邀请南希跳舞,都被她委婉的拒绝了。

南希一个人独自坐在一个角落,喝着饮料,看着舞池中舞姿优美的男男女女,不知在想着什么……

"嗨,你好,美丽的小姐,我可以请你跳一支舞吗?"一个温柔带有磁性的声音在南希耳边响起。

南希抬起头望向那个男生,一张俊朗的脸映入南希的眼帘,他身材高大魁梧,声音柔美,外表帅气,就像是被造物主精心打造一样。他伸出手,正坐着邀请的姿势。南希的心不由得颤抖了一下,手不由自主递了过去。

南希跟着男生来到了舞池,男生把手放在她纤细的腰上,南希的身体不禁绷紧,心跳加快。他的眼睛目不转睛地看着南希美丽的脸庞,南希看了男生一眼,他的眼睛是那么的深邃、深情,南希的脸颊立刻生出一抹绯红。连她自己都不敢相信,这还是我吗?南希,醒醒!南希不敢再与之对视,把脸扭向了一旁。

舞会结束后,男生把南希送到宿舍楼下,对南希说:"很高兴能够和你一起跳舞,你跳舞的时候更美,我叫乔尼,谢谢你陪我度过了一个愉快的舞会。"

"很高兴能够认识你,我是南希。"

"恩,好了,时间不早了,你上楼早点休息吧。"说完,冲南希微笑了一下,然后转身走开了。

南希上楼后,脑海里不断浮现着乔尼的身影和他俊朗的脸庞。他是那么的英俊,声音是那么的带有磁性,皮肤是那么的白皙,丝毫找不到一点儿瑕疵,他脸上的每一个轮廓和线条都是那么的细致,和他在一起跳舞心为什么跳的那么厉害,这是南希从来没有过的感觉。

南希望着窗外,觉得今晚的月光格外的皎洁,今晚的夜色比往常更美了。

"想什么呢?"南希的肩膀突然被拍了一下,吓了南希一跳。

"你是什么时候冒出来的,吓了我一跳。"原来是爱莎,南希故作生气的对她说。

"想你的白马王子呢吧,今晚和你一起跳舞的是谁啊,长得挺帅的,居然这么有魅力,能获得我们南希美人的迷恋。"爱莎调皮地说道。

南希被问的不好意思了,敷衍道:"你瞎说什么,时间不早了,赶紧睡吧。"然后就急匆匆地上床去了,不再理会爱莎。

躺在床上后,南希的心情还是不能平静,脑海中不断浮现着乔尼的身影,辗转反侧难以入睡。

一段浪漫而美丽的爱情就这样开始了,在之后的相处中,二人越发情投意合,但不幸的事情发生了,乔尼在一场意外中去世,永远地抛下了情窦初开的南希,这样的打击是致命的,南希的性格因为情人的离世变得越来越孤僻。在剩余的大学时光中,她将全部身心精力都投入到学业上,为了缓解对爱人的思念,南希简单变成了一个学习狂人,也正因如此,她在这里学习了大量的专业知识,并取得了优异的成绩。毕业后,南希再次成为了一名报社记者,继续着自己的记者生涯。

巴黎是欧洲大陆上最著名的城市之一。这里气候宜人,夏天没有难耐的酷暑,冬天没有可怕的严寒,南希很喜欢这座古老而又文明的城市,深深地爱着它。

带着岁月留下的伤痕和对未来的一线憧憬,南希又开始了职业生涯,她所属的报社为哈瓦斯通讯社。由 C.-L.哈瓦斯于 1835 年创办,是当时欧洲比较著名的一家通讯社。

这一天,上司维尔福给她下达了任务:"南希,你今天去采访一个富商,他的名字叫亨利·费奥嘉。目前,我国正在准备抵御德国,他为我国提供了许多财务援助,我希望你能够圆满完成任务。"

"好的,维尔福先生,我一定会完成任务的。"

亨利·费奥嘉是法国有名的富商,他相貌英俊,为人正直,性格柔和,而且非常热爱自己的祖国,是许多女人心中的白马王子。南希也曾听说过,只是没有见过面。而他,就是南希未来的丈夫,从对南希一见钟情的那天起,亨利就发誓今生只爱南希一人,为了她,哪怕是献出自己的生命,事实上,这个男人真的用生命兑现了他爱的诺言。

"你爱我吗？"

"当然！我愿意用我的生命去保护你！我愿意为你付出我的一切！"亨利·费奥嘉用他那动听的声音温情地对他的南希说："我对你的爱犹如暴风雨一样激烈，又如太阳一样火热。"

其实南希并不在乎亨利的答案，因为她知道，面前的这个男人是爱自己的，他可以为自己付出一切，甚至是生命，这就足够了。南希也明白，自己的内心深处也被这个男人全部填满，再也容不下任何空隙，南希心中初恋的伤痛终于得以修复，爱情的力量使她充满了活力。

不久，亨利和南希就在巴黎举行了婚礼。亨利邀请了社会各界名流，场面非常盛大。穿上婚纱的南希变得更加漂亮，是这个世界上最美丽的新娘。婚礼开始了，伴随着庄严的《婚礼进行曲》，南希身披圣洁的婚纱，沿着红色的地毯，慢慢走向庄严的婚礼殿堂。

命运总是这么不可琢磨，仿佛根本不想让南希享受幸福一样。就在南希和亨利结婚后的不久，纳粹德国再次在欧洲燃起战火，他们攻占波兰以后，又相继地占领丹麦、荷兰、比利时等北欧诸国。德军的闪电战显示出了它的优势，在战争中取得了辉煌的成效，这更助长了希特勒称霸世界的勃勃野心。二战的战火已经蔓延到了法国，战事迫在眉睫。可是法国仍执迷不悟，在德国的魔爪准备伸向西欧之时，法国却认为德国打败北欧各国后，将东侵苏联，而且，要想进攻法国并不是那么容易的事，在法国人看来，坚不可摧的马其诺防线将是他们完美的屏障,德国要想突破这层坚不可摧的屏障最少也要 4 至 5 年时间。

马奇诺防线是以人名命名,法国陆军部长马奇诺为法国人民修筑了防御阵地体系。法国人非常重视它的存在,因为有它,安全才得到了保障。

马奇诺是聪明人,但世界上聪明的人却不止他一个。德国有着一批非常出色的军事指挥官,其中最为著名的就是开辟了"闪电战"的装甲兵之父——古德里安。在纳粹德军占领了比利时和荷兰之后,古德里安巧妙地运用装甲部队的机动性,直接绕过了法国家不可摧的马奇诺防线,从侧翼进攻法国。

马奇诺防线成为了二战中最大的一个摆设, 法军在毫无准备地情况下,一触即溃,法国首都巴黎危在旦夕。

不幸终究降临,6 月 14 日,德国未发一弹就占领 了巴黎,享誉世界的"浪漫之都"巴黎沦陷。法国红白蓝三色旗慢慢消失,德国纳粹的战旗却高高飘扬。接着,德军深入法国境内,法国几乎所有的防御工事都没有起到作用。1940 年 6 月,由卖国贼贝当组成的新内阁,向德国投降。

德国占领法国后,对占领区进行了残暴的统治。他们用一种所谓"肃清暗杀"来变向地进行枪杀人质的行为,然后把他们的尸体抛弃在街头。

硝烟和战火再次在法国这片广阔的土地上弥漫开来,大地已经被鲜血染红,无数人的哀号声如同来自地狱恶鬼的嚎叫一样,在被硝烟笼罩的法国上空回荡。

法国人民在全国掀起了反对法西斯侵略、争取独立自由的抵抗运动。但情形却没有太大的好转,德国逐步吞灭了法国,纳粹在占领区对法国人民进行残酷的统治,肆意的烧杀抢夺。南希的丈夫亨利是法国有名的富商,为了更好地抵抗纳粹德国的入侵,亨利悄悄地资助法国的抵抗组织财物,为争取法兰西民族的独立自由悄悄地贡献着自己的力量。

南希看到这种情况后,对德国纳粹的反感更加强烈。一颗火热的正义之心指引着南希·韦克要成为了一个反法西斯战士。

"亨利,我要去支持法国人民的抵抗运动。"南希悲愤地对亨利说道。

"不,南希,你不应该去,你是我的妻子,我要好好地保护你,而且法国是我的祖国,我想我应该有义务去反对德国法西斯,维护祖国的和平和安全。"亨利不同意南希去参加对德抵抗组织,因为他觉得作为一个丈夫和一个男人,他有义务保护自己的妻子和祖国。

"可是,抵抗德国纳粹侵略,反对法西斯主义是每一个人的责任,女人没有理由不尽自己所能去抗争。我不想看到你一个人奋斗,我也应该作出自己的努力。"南希据理力争。

最后,在南希的大力争取下,亨利终于同意南希参加抵抗组织。

"我有一个朋友在巴黎附近成立了一个抵抗德国的组织,他叫皮埃尔,明天我们去他那儿吧,我也可以让他照顾你。"亨利说。

皮埃尔是法国军队的上校,在法国沦陷时,皮埃尔坚决要求抵抗德国侵略者,但在当时的法国政府中,他孤立无援。法国沦陷后,他带领从敦刻尔克撤退的 200 多人投入到抵抗德国占领军的运动中。皮埃尔等人的主要任务就是把所获得信息和情报传送给南部的地下抵抗组织,同时,还要为他们运送粮食和食物。鉴于南希以前做过记者,皮埃尔想让她以记者的身份去德军内部获取情报和信息,然后再把它们交给南部地下组织,以便能够更好地与德军对抗。

接到任务以后,南希兴奋异常:"好的,这没有问题,我一定会完成的。"她一直都认为自信是获得成功的前提。

"你不要小瞧这份差事,它是一项非常危险的任务,你要深入到敌人内部,获取他们的情报,而且要非常隐秘,不能被敌军发现,一旦发现,就会危及到生命安全,我可不想让亨利失去自己的妻子啊。"皮埃尔最后开玩笑地说道。

"呵呵,你放心吧,皮埃尔,我不会那么不小心的,我相信我有能力完成任务,就算是不小心被敌人发现丢掉性命,为了法国和世界的和平也是值得的。"南希很平静地说道,仿佛这项任务很轻松一样。从此,南希开始了她的"地下工作"。

德国占领巴黎后,驻扎在这里的德军上校卡恩是德国秘密警察中的一个头目。卡恩拥有大量监狱和集中营,利用发布监护拘留令和押送集中营的特权,肆意地对犹太人进行迫害。这个秘密警局是一个滥杀无辜,草菅人命,令人谈虎色变的机构组织。卡恩对希特勒忠心耿耿,绝无二心。这个人心狠手辣,对待反对希特勒的人毫不留情,他成为了南希的第一个目标。

此时的南希突然想起来一件事,那就是没有交还的记者证以及纳粹党卫军签发的采访证,她不禁为自己的先见之明而庆幸。有了党卫军签发的那张采访证,一切都将变得十分好办。

夜已经很深了,晚风轻轻地吹拂着路旁的树叶,一轮明月高高的悬挂在半空中,月光透过窗户照进南希的屋里,撒在南希的身上。小镇上的人们已沉浸在梦乡,南希却睡意全无,静静地躺在床上,脑子里思考着明天采访的事情。

第二天,太阳悄悄地躲进了云层,天气变得异常阴冷,南希出发了。

"什么人,干什么的?"刚刚靠近德军的营地,她就被德军的两个士兵拦住了,他们用凶狠的目光盯着南希,大声地喝道。

她赶紧拿出记者证和党卫军以前签发的特别采访证,回答:"你们好,我是记者,这是证件。"南希将证件递给士兵,之后说道:"我是来采访卡恩

二战谍雄

上校的。"

士兵仔细地查看后,确认南希的那张特别采访证是真的,态度随即缓和了许多。一个士兵对南希说道:"不好意思,女士。我们只是例行惯例而已,你等一下,我这就去通报一声。"说完,一个士兵向里面跑去。

大约几分钟时间,那个士兵回来了。

"卡恩上校有请,但是,虽然你的证件没有问题,搜身还是非常必要的。"他冲另外一个士兵使了一个眼神,那人赶忙过来搜身。

事实上,此时南希和那个负责搜身的士兵都非常紧张。在士兵看来,能够拿到党卫军签发的特别采访证,一定不是平常人,千万不能得罪,因此搜身的时候十分规矩,没有任何毛手毛脚的行为,而且也只是象征性地搜查了一下南希的上半身。南希任由士兵在自己身上搜查着,心里非常紧张,额头渗出一些冷汗,万一他们把枪搜出来,自己可就必死无疑了。

"你可以进去了,跟着我来吧。"士兵在南希身上摸索了几下,便放行了。她缓缓地舒了一口气,幸好之前把枪藏在了皮靴里面,而且士兵搜查得不严格,否则就麻烦大了。

甬道非常宽阔,两边是笔直的松柏。每隔两米左右就站立着一个士兵,不时还有几个小队来回巡逻着,作为德军行政长官的住所,德军的戒备非常森严。甬道的尽头是树木掩映的高楼,因为冬天树叶都掉落了,所以能清楚地看到大楼的全貌。这是一座银灰色的楼房,二楼三楼左侧的窗户都被窗帘遮得严严实实,右侧的窗户都是敞亮的。"看来这是他们办公的大楼。"南希微微低着头,一边四处观察环境,一边暗自想着。

很快,他们来到了卡恩的办公室。这里非常宽敞明亮,室内摆放整齐,桌子上有序地堆放着一些资料,笔筒恰到好处地立在一边,一本很厚的书摊在那儿,中间是一支笔,墙上挂着硕大的"卍"字旗和希特勒肖像,另外,还有一副欧洲地图，卡恩正在认真地研究着它。

"报告，上校，记者带来了。"士兵行了一个标准的纳粹军礼。

卡恩转过头，一个英俊的脸庞映入南希的眼中。卡恩身材高大，看上去不到 30 岁，据掌握的资料显示，他还没有结婚。年纪轻轻就在战乱的年代里当上了德军上校，一定有着非凡的智慧和残忍的手段，他一定是一个无情的家伙，南希心里想着。

南希的判断是非常准确的。卡恩就像是一只凶残的狼，他的眼睛是那么阴森、冷峻，尽管卡恩长相较好，看上去不像那么凶残，甚至还给人一种亲切的感觉，但这只是一种假象，不管狼披着怎样的美丽的羊皮，也不能掩盖它冷酷残忍的心肠。

"你好，卡恩上校，我是曼海姆报社的记者——伊莉莎。我这次前来是想向您采访一些战况。"南希首先作了自我介绍，她隐藏了自己的身份，这样不容易暴露目标。

卡恩用他那蓝色的眼睛盯了南希几分钟，把南希从上到下打量了一遍，眼睛中闪烁着狡黠和狐疑的目光，盯得南希毛骨悚然。

"你好，伊莉莎女士，我的时间很紧迫，希望你能快速地采访，只能给你大约 10 分钟的时间。"卡恩就连说话的语气都是冷冰冰的。

短短的 10 分钟怎么能够从他的口中得到有价值的信息呢？其实南希这次也并不是来窃取情报的，因为她清楚地知道，要想获取情报仅凭简单的采访怎么可能会实现呢，这次主要的目的是了解卡恩。

10 分钟采访很快就结束了，南希发现，卡恩的思维敏捷，说话谨慎，从他的话语中根本不可能套取任何信息。看来，要想获取情报，必须要采取其他一些手段。

南希走在回小镇的路上，远远地看到亨利和皮埃尔在焦急地等待着。

二战谍雄

亨利看到南希后，忙跑上前去，紧紧地抱住了她，并深情地吻着。

"怎么样，南希，没有出现什么情况吧？"亨利关切地问道。

"没有什么事，亨利，你不用担心。"南希回答说。

"哦，那就好。"

"你觉得怎么样，能从卡恩那儿获取一些情报吗？"站在一旁的皮埃尔问道。

"德军的戒备很森严，并且卡恩是一个狡黠凶残的人，非常不好对付，我想我们只能智取，想出一些办法来。"

"好了，我们先回屋休息一下吧，然后再商量计策。"三人一同进入了屋。

德国对法国南部进行了大规模的进攻，攻陷了南部很多地区。德军所到之处战火连天，硝烟四起，鲜血横流，留下一片片的废墟。沦陷区的法兰西人民遭到大肆屠杀，生灵涂炭，到处一片狼藉。

南希看到这些景象，更加坚定了她反对德国法西斯的决心。

"南希，我们南部的地下组织遭到德军的重创。现在他们食品已供给不足，我希望你运送食物前去补给。至于那个该死的卡恩就先放一放吧。"皮埃尔刚从外面回来，连气都没有喘一口，就对南希急匆匆地说道。

南希立即组织了一些人运送食物给南部的地下抵抗组织，虽然几经波折，但最后还是平安地送到了目的地。

"你做的非常好，南希，棒极了。"当南希出色地完成运送任务回来之后，皮埃尔夸赞着南希，向他竖起了大拇指。

"呵呵，皮埃尔，非常感谢你的夸奖。但是我觉得这不能解决根本问题，我们只有随时掌握德军的进军路线，这样才能减少我军的伤害，才有可能打败德国。"南希认真地说道。

"你说得很对,我非常同意你的观点。因此,还需要靠你去卡恩那儿获取情报,这样我们才能清楚敌军的情况。可是,卡恩好像没有什么弱点,从他的嘴里根本套取不到什么情报,我们不知道从那儿下手。"皮埃尔耸了耸肩,表现出很无奈的样子。

"不会的,我相信只要是人,他就不会是无懈可击的,总会有缺点,我们只要认真揣摩,总能想到办法的。"南希非常自信地说道。

"好了,时间不早了,我们早点休息吧,明天再来研究这个讨厌的家伙。"皮埃尔打了一个哈欠,起身回自己的房间去了。

南希一个人静静地躺在床上,眼睛望着破烂的屋顶,怎么也睡不着。这都是德国法西斯造成的后果,法国人民本来应该在自己的土地上过着快乐幸福的生活,然而现在却因为德国纳粹的侵犯,被迫离开家乡,妻离子散,过着逃亡的生活。德国法西斯今天犯下的种种滔天罪行将来一定让他们受到惩罚。

清晨,天空中下起了小雨,天色灰蒙蒙的,小雨淅淅沥沥地铺洒在地面上。细雨绵绵,犹如春季飘飞的柳絮一样,一丝丝,一串串地连在一起,最后连成一片,铺成了一个硕大的银色幕布。窗外的小雨"啪啪"地打在玻璃上,南希略显疲态,眼神中透着忧郁,心想:也许这是上帝在为这场战争悲伤哭泣吧,它在用泪水洗涤着战争的罪恶!

皮埃尔敲了敲南希的房门,得到允许后推门而入。他看到南希脸色不好,关切地问道:"怎么了,南希?"

"哦,没…没什么,每当天空下雨的时候我就会这样,你不要担心。"南希的脸上勉强挤出了一丝笑意。

"哦,原来是这样啊。昨天晚上我想出了一个主意,也许能够从卡恩那里得到一些情报。"

"什么办法？快说。"南希急切地问道。

"不过这个办法需要你做出些牺牲。"皮埃尔的声音变得很低沉，注视着南希。

"没有关系，只要是我能够做到的，只要能够打败德国法西斯，我都没有问题。"南希说道。

"南希，你是这个世界上最美的女人，高雅漂亮，温柔善良，每一个男人都会被你吸引，为你心动。所以，我想利用美人计，让你去勾引，不不不，不能说是勾引……"皮埃尔一时不知该用什么合适的词语来形容。

南希已经明白了皮埃尔的意思，她低下头，陷入了沉思……

"好吧，皮埃尔，也许这是一个有效的办法，我愿意试一试，但是……"南希停顿了一下，继续说道："请你不要把这件事情告诉我的丈夫亨利，好吗？"

皮埃尔听到南希的话，紧紧地抱住了她，他心里明白南希做出这个决定是多么地艰难，因为她深深地爱着自己的丈夫，这样做无异于背叛了丈夫，即便是无奈之举。

"我答应你，你放心，一定保守这个秘密，不会告诉亨利的。"

不久，南希再次以记者的身份前去采访卡恩上校。不过，她这次不仅仅是单纯的采访卡恩，她还有一个更重要的目的，那就是勾引卡恩，让他相信自己，以获取重要的情报。

"你好，南希女士，我们又见面了。"卡恩上前轻轻地吻了一下南希的纤纤玉手。显然，这一次卡恩不像传说中的那么冷酷无情，他还是有他人性化的一面的。

"你好，卡恩上校，党卫军派我来这里是要进一步了解一些情况的，特别是与胜仗有关的信息，这样才能更好地鼓舞国内民众。再次冒昧打扰，请您不要介意。"南希客套地说道,脸上勉强挤出一个甜美的微笑。

"哦,当然不介意,上次因为时间紧迫,没有能够好好接受采访,给您带来的不便,我表示抱歉,实在是不好意思,这一次我一定好好配合。"

"哦,那实在是太好了,卡恩上校,那么,现在我们开始采访吧。"

这次采访进行得很顺利,采访的内容也只是一些众所周知的东西,根本没有涉及到隐秘的情报。

"谢谢您的配合,卡恩上校,为了表示我的谢意,我想请你喝杯咖啡,可以吗?"采访结束后,南希主动邀请卡恩去喝咖啡,以拉近她和卡恩之间的距离。

"不,我想去跳舞,你能陪我去跳舞吗?"卡恩说道。

"呵呵,当然可以。"

南希和卡恩来到了一家舞厅,舞厅里灯光昏暗,大厅的角落里一支乐队吹奏着非常劲爆的曲子,狂躁的节奏令人兴奋。有的人在舞池里搂抱着那些穿着暴露、浓妆艳抹的女郎跳舞;有的人坐在桌子前的沙发上调情、喝酒。这些人里有德国军官,有纨绔子弟,也有靠战争发财的暴发户,有流氓还有恶棍,还有一些身份模糊的人做着难以言明的勾当。

中央舞台打下一团迷离的红色灯光,一群舞女卖弄着她们的身姿,暴露的穿着,张扬的装扮,都显示了她们此时最黑暗的思想,晦暗的环境让她强忍着快要呕吐的感觉和卡恩走进舞池,轻妙而翩跹的舞姿,不知征服了多少人的眼球;尤其是尚处在如狼似虎的年龄的卡恩,南希身上所体现出的那种大家闺秀般的教养、得体的表达方式、风姿婀娜的身材,无不引起了卡恩的青睐。

"你的舞蹈跳得非常好,简直是棒极了。"卡恩赞美着南希,二人跳累了,在座位上喝着咖啡,卡恩望着南希,目光中多了些许温柔。

"呵呵,谢谢你的夸奖,我觉得你也跳得很棒。时间已晚,我要回去休息了。"南希觉得有点累,身心疲惫,她想回去早点向皮埃尔汇报今天的情况。

"哦,好吧,有时间还可以再邀请你吗?"卡恩已经被她的美丽所吸引,开始主动邀请南希,慢慢进入为他设下的圈套。

"恩,好的,我非常乐意与你再次见面,我真的很期待。"为了让卡恩上钩,南希爽快地答应了。

"怎么样,南希?"皮埃尔急切地问,语气中带着关怀。

"呵呵,没有问题,看来你想的办法还是很有效的,我觉得卡恩已经快要上钩了,他会再次邀请我的。"

"是吗?那真是太好了。南希,你真的是太棒了。"皮埃尔听到她的话,高兴至极,甚至是手舞足蹈。

突然,皮埃尔的脸色变得凝重了,由晴转阴地说道:"不过,南希,你还是要加倍小心。毕竟,卡恩的身份那么敏感,而且他心狠手辣,残酷无情,不是那么好对付的。"

南希点了点头,心中暗想:是啊,皮埃尔说得很对,卡恩是个冷酷的家伙,今天对自己万般热情,也许明天就会把自己无情地杀掉。

"二战"的战火还在继续地燃烧,法国南部一些地区相继沦陷。法国已面临灭亡之灾,德国法西斯正在慢慢吞噬着这片美丽富饶的土地。

几天后,卡恩再次邀请了南希,他们在一家咖啡店见面。店内灯光幽暗,整体环境也以怀旧为主,昏黄的灯光之下,人们整洁而优雅地品味着咖啡的浓醇与甜美。南希依然喝着她最爱的摩卡咖啡,和卡恩漫无边际地闲聊着。

"我还想和你跳一支舞,可以吗?"卡恩对南希说道。

"呵呵,当然可以啊,我们去舞厅吧。"

"不，我只想单独和你跳舞，我家就在附近，我们可以去那里，我保证，它的环境绝不会低于舞厅。"

去卡恩的家？这正合南希的心意，也许从卡恩的家中能够发现一些有价值的情报，但是南希还是故作矜持，考虑了一会儿说道："恩，好吧。"

在回家的路上，两个人都是低着头、不言语。在黑色的夜里，天空异常空旷、神秘。

卡恩的家就在咖啡店附近，不一会儿，他们就到达了目的地。一个温馨的房间映入南希的眼帘。室内装修得很有情调，如果单从卡恩的家里来看，根本不会觉得他会是一个凶狠、冷酷无情的人。

"呵呵，你的家还是挺不错的啊。"南希没有想到卡恩在生活中会是另外一种样子，笑着说道。

"整天在军队太乏味了，所以我就想把家弄的温馨点儿，来，我们先喝点酒吧。"说完，卡恩拿来一瓶红酒和两只杯子，红酒香醇而清甜，缓缓流入杯中，两人各自喝了一小口。

"不好意思，我去趟洗手间。"卡恩向洗手间走去。

南希仔细观察着房间的每一个角落，没有发现可疑的东西，不免有些失望。

"看什么呢？"她正在仔细观察着房间，不觉卡恩已经来到了自己的身边。

"哦，没……没什么，我只是随便看看。"南希赶紧故作镇静，生怕露出痕迹，被卡恩发现。

卡恩喝了一口红酒说道："哦，那我们开始跳舞吧，ok？"说完，卡恩就打开留声机，一首悠扬悦耳的音乐传入南希的耳中。

卡恩搂着南希纤细柔软的腰部，迈着优美的舞步。南希那迷人的体香和发香阵阵扑入卡恩的鼻中,令卡恩如痴如醉。南希感觉到卡恩把自己搂得更紧了,已经能清晰地听到彼此的呼吸声。他的手开始在南希的后背上游走着,不停地摸索。

南希的心中又喜又悲,喜的是卡恩终于被自己吸引住了,如此一来,就更容易获取情报,悲的是这样做对不起深爱着自己的丈夫亨利·费奥嘉。

"南希,你真的很漂亮,我发现我慢慢喜欢上你了。"卡恩在南希的耳边轻轻地耳语道。

卡恩的动作越来越放肆,他把南希抱上了床,将其按倒在床上,企图占有她。南希极力挣扎着,尽量拖延时间。就在卡恩快要脱去她的上衣时,突然感觉脑袋眩晕,意识模糊,随即晕倒在床上。

原来南希趁着卡恩去洗手间时,偷偷在他的酒杯中放入了迷药,现在药性发作,昏了过去。

南希看到卡恩昏倒在床上,一动也不动,立刻起来搜索着房间的每一个角落,希望能够找到有价值的情报。

房间的所有地方几乎都被南希搜遍,但还是没有找到任何信息,南希渐渐地失望了。她狠狠地瞪了一眼昏睡过去的卡恩,就在这时,突然发现他上衣的内兜里露出一张白色的纸条。南希将纸条轻轻地拿出,打开一看,上面竟是些奇怪的符号,一时间难解其意。也许这是德军用来传递信息的专用符号吧。南希把纸条描好,匆匆地离开,奔向吉维斯小镇。

卡恩醒来后,发现兜里的纸条不见了,立刻派人捉拿南希。

几天后,纸条上的内容终于被破译,德军要迅速攻陷法国南部的非沦陷区,德国下一步的进攻目标是法国的军事要地——加来省。

南希和皮埃尔听到这个消息后,立刻组织抵抗成员支援加来省,几次打退德军的进攻,但终因敌我力量相差悬殊,以失败告终。虽然抵抗以失败告终,但是南希所做的贡献,得到了抵抗组织的认可,是任何人都无法磨灭的。

在之后的日子里,南希继续着她的地下工作,但无论承受怎样的压力、面临什么样的危险, 她的信念从未改变。而作为她生命中最重要的男人——享利,也在反法西斯战线上做出了突出的贡献,遗憾的是,他在一次掩护南希的过程中,不幸身亡。

法国终究被德军占领，但反法西斯的决心并没有动摇。不久后，一个俏丽的身影出现在伦敦的街头，虽然她眼神中充满忧伤，满脸的疲倦，但是这些并不能影响到她的美丽，反而使其多了一分色彩，她便是南希·韦克。

战火已经波及到伦敦，但人们的生活仍要继续，除了不时响起的防空警报，一切都如常进行着。

经过不断地向人询问，南希最后终于到达了她的目的地——一栋非常普通的房子。

房子前面是一圈木质的围栏，围栏里是很久没人修剪的草坪。南希轻轻地推开没有上锁的院门，"嘎吱嘎吱"的声响向南希传递着这里荒废了许久的消息。南希直接走到房子的门前，在地板上蹲坐下来，仔细地寻找着什么。

"啪"的一声轻响，南希将一块木板掰了下来，木板下面露出一个黑色的牛皮包。

牛皮包上紧紧地贴着一层灰尘，显然许久没有人打开过了。

望着这个布满灰尘的皮包，眼泪再次从南希的眼角缓缓地流淌出来，泪水无声地滴落在皮包上。

南希白皙细腻的双手紧紧地抓着皮包，仿佛皮包是易碎的水晶，生怕它掉地上会摔碎。

她轻轻地拍了拍皮包，灰尘从上面扬起，向四周弥散。缓缓打开包以

二战浪漫曲

后,她从里面掏出一串钥匙,打开了封闭已久的房子。

这些都是亨利为南希和自己准备的,正所谓狡兔三窟,亨利也是一样。亨利在巴黎、伦敦、瑞士、圣彼得堡、开罗、华盛顿等许多大城市中都有房产。亨利这么做有他自己的原因,一方面,他在度假时可以直接有住的地方,虽然酒店豪华、便利,但却没有家的温馨,另一方面,也是处于安全考虑,当战争爆发时,这些地方都可能成为他最后的退路。

在南希和亨利结婚的那天,亨利就将所有的一切告诉了她,包括各地房产。黑色皮包就是亨利用来存放这些房产证明和钥匙的地方,每一处房子几乎都在隐蔽之处。

此时,南希没有注意到,一道非常锐利的目光在不远处紧紧地盯着这栋房子,这道目光中不光是充满了诧异,而且还有些许的欢喜。

"南希·韦克,1912 年出生于新西兰,1 岁举家前往澳大利亚,此后做过护士、记者,初恋情人因为救落水的南希而溺水身亡,后与法国富商亨利结婚。再后来,战争爆发,南希和丈夫亨利一起参与到法国的地下组织,共同抵抗德军入侵,多次出色完成任务,后身份暴露,丈夫被捕杀害,南希·韦克被德军通缉,赏金百万。综合评价:为人坚强、果敢,立场坚定,能够熟练地使用枪械,有出色的谍报潜能,适合招募。"在南希对面的一栋楼房窗户前,一袭灰衣的神秘男子望着手中的这份文件许久,又拿起望远镜注视着南希的房间,陷入深深地沉思:怎么才能接近她,让她为我们所用呢?

外面是战火纷飞,狼烟四起的战场,但是位于自由大街上的凯撒酒吧内却是一片歌舞升平。

南希独自坐在吧台前,充满醉意和迷离地双眼注视着手中的酒杯。对于出现在酒吧内的这个美女,许多人不由地上前进行搭讪,想要请南希喝一杯酒。但是南希却提不起任何兴趣,只是独自静静地喝着白兰地,直到带着满身的酒气和醉意,步履阑珊的回到住处。

突然,从旁边地巷子里面传出来两个人,这两个人均一身黑衣,身材十分高大,其中一个男子挥手成刀状,砍在南希纤细地脖子上,南希立刻被打晕,手中的酒瓶掉落在地上,"啪"的一声碎裂开来,另一个男子马上扶住南希。

两个人搀扶着南希,快速地向路边一辆等候了许久了汽车走去,当他们将南希塞进后面的座位上时,司机看了一眼浑身酒气的南希,之后对坐在副驾驶上的男子说道,"她不会吐我车里吧,如果她吐我车里的话,我一定会让你俩给我擦车的。"很快,一行人来到一个神秘的房间。"你醒了。"一个男子率先开口向南希询问道,他说话的语气非常轻柔,就像女子。

"嗯?"南希睁开双眼,首先映入眼帘的是完全陌生的环境,她环顾了一下四周,又看了一眼自己整齐的衣物。

"你放心。我们没有对你做什么,只是邀请你来这里的方式比较冒昧,我代表他们对你粗鲁的行为表示歉意。"男子目不转睛地注视着缓缓起身的南希。

"南希·韦克,1912年出生于新西兰,1岁举家前往澳大利亚,此后做过护士、记者,初恋情人因为救落水的南希而溺水身亡……

"既然你们那么了解我,抓我有什么事情吗?或者是拿我去换数百万的悬赏金吗?"南希虽然嘴上说得很轻松,但是内心却非常慌乱,毕竟她此时还是被德军悬赏数百万的通缉犯,一旦落入德军手里,那么自己就彻底完了。

"数百万的悬赏我们还看不上,至于请你来,这件事还得从法国境内的抵抗组织说起。"这个男子向南希缓缓地交代了原因。

原来,从南希和亨利协助法国地下组织反抗德军的时候,他们就被英国情报部门关注了,尤其是有勇有谋的南希·韦克,更是得到了许多人的认可。

当英国情报部门和法国抵抗组织共享情报的时候,他们得知南希丈夫亨利被杀,她本人被纳粹通缉,并且很可能逃往英国,于是,英国军事情报局相关负责人开始极力寻找她。

英国军事情报局下属的一个单位专门派了几个人对亨利所购买的房产进行了严格的监控,南希只要一露面,就会被他们盯住。

"我呢,是英国特别行动执委会下属第三大队的队长,你叫我'海鸥'就可以,不知道你有没有兴趣加入即将成立的特别行动队,成为里面的一员,接受严格的训练,为反法西斯事业贡献一份力量呢?"男子紧盯着南希的脸部,试图通过她面部神情的微妙变化发现些许端倪。

"我可以加入,只是有一个条件……"南希想了一下,准备同意对方的邀请。

"海鸥"队长很利索地起身,向南希伸出右手,"你放心,我明白你的条件,艾斯会留给你的。但是我也有个条件,你要明白,从加入的那一刻起,南希·韦克这个人就不存在了,你和这个被通缉的人没有任何关系,你有专属于你的代号,还有一点,也是我必须要跟你说清楚的,我们不会管你的私事,但是公私一定要区分清楚,我不想你因为私仇而导致我们整个计划的失败。"

"没问题。"南希非常爽快地答应说道,同时也伸出了右手。海殴提到的这个艾斯便是杀害南希丈夫的法西斯军官。

合作就这样开始了,当两个人双手握在一起的时候,命运齿轮在再次将南希地人生轨迹推向了另一个不为人知的方向。

南希以及"海鸥"所处的部门是由波门特·内斯领导的一个间谍训练机

构,统一管理秘密的非常规行动。对于这种非常规作战的想法,英国首相丘吉尔十分认同,身为首相的丘吉尔很了解情报的重要性。

特种行动执委会发展鼎盛时期,拥有万余名男特工和千余名女特工,而且,作战能力十分强悍。

它还有一个职能就是为同盟国培训特工。后来解密的一些机要文件显示,美国中央情报局的前身"战略后勤办公室"就曾派过大量特工来接受训练。

设立并管理这样的培训学校是由一个独立的部门来完成,它的总部就在蒙塔古大街上。但是出于安全考虑,各分校之间都是独立的,而且各支部的特工也会在不同的时间被分送到不同的地方培训。

无论是培训学校,还是接受培训的特工,都清楚地明白:自己只是冰山上的一角,所处的组织就像大海一样无量,只要是水滴终究要汇聚到这里。这样做除了能让组织里的成员更敬畏,还有一个好处,即使有人叛逃,只要掐断他所在的一条线,就可以确保整个组织的安全。

当南希第一次来到她要接受训练的地方时,她发现这里还有其他的一些女性,她们中的许多人后来都默默无闻地潜伏在德国,为反法西斯战斗的胜利贡献力量。

南希接受培训的地点是在比尤利的十几间民房里,"二战"中的官方称谓是精修学校。

似乎精修学校的每个教官都大有来历,他们无一不是各个领域的顶尖人才。上级把各方面人才聚集于此,再把他们的看家本领交给学员,使得从这里走出去的每一个间谍都是精英。在间谍学校期间,南希学习了大量的间谍技能,包括:偷盗、伪装、拆除炸药、格斗等。

人生的道路上总是充满了选择,每一个选择都将影响到我们个人的未来。此时的南希作出了她人生中最为重要的一个选择，成为一名游走于黑暗之中的女间谍。她明白，间谍，尤其是对于女间谍，这条道路上充满了艰辛和坎坷，但是她还是义无反顾的选择了它，成为隐蔽战线上的又一个游荡地幽灵。

大破"死神之镰"

战火仍在荼毒着世间的生灵,河流已经被鲜血染红,大地被尸骨覆盖,空气中回荡着饱受战争伤害的人们的哀伤,无尽的哀嚎飘忽在欧洲的上空,仿佛是无数从地狱中逃脱的野鬼一样,游移于天际。

此时的希特勒已经不复往日的风光,他失败的命运早已注定。缺乏军事才能的希特勒成为了当时德军陆海空三军的总司令。纳粹德军在北非战场开始节节败退,狡猾的"沙漠之狐",德军统帅隆美尔也被盟军优秀的"猎人"蒙哥马利所节制,纳粹德军被盟军打得节节败退,不仅在北非战场失利,而且在欧洲战场也不乐观。在纳粹德军占领的诸多地方,都爆发了反法西斯战争,纳粹德国由此陷入了战争的泥潭。

虽然纳粹德国进入了日薄西山的境地,但是它毕竟还是一个曾经战绩显赫的国家,而且仍有不少纳粹分子忠心耿耿地效忠于希特勒,艾斯就是其中的一个。

身为当时纳粹德军中最年轻有为的一个军官,艾斯对于纳粹党和纳粹党领袖希特勒是忠心不二的。

为了平息德军占领区的一个小镇的暴乱,艾斯被派遣到了这里,负责镇压、消灭抵抗组织。

这个小镇原本是一个非常清幽地小镇,小镇三面都是茂密的森林,只有一条平坦的道路通往外界。飞鸟倦林、游鱼恋水、走兽奔腾,整个小镇就是被这样的环境所包围。居住在这里的这些法国人喜爱它的宁静,依恋此处的清幽,但是一切都在这一天被摧毁。

震耳欲聋的轰隆声打破了小镇的宁静。一列长长的德军装甲车以及几辆卡车缓缓地从远处向这里驶来,将道路上的尘土高高扬起,弥漫在空中。装甲车以及卡车上喷涂着的"卍"字标志仿佛催命符一样,令整个小镇的居民都变得惶恐不安。

虽然这里地处偏远,但是对于外面所发生的事情,居民还是可以通过广播和报纸有所了解的,尤其是那个令人恐怖的"卍"字旗,让每个人都意识到灾难已经来临。

纳粹德军并没有在镇子上进行过长时间的停留,很快又离开了。

几天以后,在这个小镇不远处的一个山坡上,再次出现了代表纳粹标志的"卍"字旗。

德军从他们抓捕到的法国抵抗组织的成员口中得知,抵抗组织的总部就在这附近的深山之中。艾斯命令部队在易守难攻的上坡构建基地,一方面是防止法国抵抗组织的反扑,另一方面也是出于保密的需求,毕竟镇子上人多嘴杂。

虽然纳粹德军的陆军无恶不作,为虎作伥,但是军事素质是毋庸置疑的,他们所构建的防御基地,完全可以作为军事教科书的样板。

对于小镇上的居民而言,唯一需要告诫孩子和家人的就是远离那片山坡,因为那里住着的简直就是"吃人的魔鬼"。

夜,静悄悄的。茂密的森林、连绵不绝的群山在夜晚的勾勒下,仿佛化身成恐怖的巨兽,张开大嘴吞噬着一切。

艾斯的驻地上灯火通明,高高的哨塔上面是巨大的探照灯,它肆意地划破黑夜,帮助德军寻找可能潜藏起来的敌人。

此时,一双明亮的眸子正透过黑夜,注视着远处那片灯火通明的基地,这双眼充满了无限的恨意,这份恨意若化成洪水,相信它足以淹没对面的整个基地。

注视了一会儿,这个人又仿佛幽灵一样静悄悄地离开,只留下一些被压倒的草木以及淡淡的香气。

这个人不是别人,正是重新回到法国的南希。在经过常人无法忍受的艰苦训练之后,南希等 11 人从间谍训练营顺利毕业,成为特别行动委员会下属的间谍,负责在法国及其周边进行相应的谍报任务,她的代号叫做"白鼠。"

当南希从间谍训练营里走出去之后,她唯一剩下的只有两件东西,一个是自己的代号"白鼠",还有就是对艾斯的杀夫之仇。从此以后,在法国境内,再也没有南希·韦克这个人,只有"白鼠"。

对于抵抗组织而言,"白鼠"是神秘莫测的,所有的人都不知道"白鼠"是男是女,不知道"白鼠"是高是瘦,更没有人知道"白鼠"的来历,但是"白鼠"曾经数次传出情报救人们于危难之际,尽管没有见过"白鼠",但是人们对这个神秘的"白鼠"充满了敬意。

艾斯的军事基地已经彻底完工,外面是高高架起的铁丝网,内部是布满地雷和沟壑的战壕,这处被艾斯在地图上标为"H"的基地如同一个刺猬一样。

根据英国情报部门以及法国抵抗组织的分析,艾斯肯定要有一番大动作,但是具体的行动方针以及行动时间他们都不得而知,因此急需一个间谍来打探情报。当南希得知这一消息后,马上向特别行动委员会提出自己要接受这一任务。但是特别行动执委会并没有马上同意她的请求,情报分析处的人员认为南希很可能会因为感情而影响到任务的成败,否定了她的请求。但是南希并没有因此而放弃,她心里非常清楚,这将是一个难得的机

二战浪漫曲

会,既可以接近艾斯实现复仇计划,又可以获得有助于盟军的情报。

南希为此跟情报部门据理力争,最后终于成功了。任务中并没有交代关于如何处理艾斯上校,显然对于盟军而言,一个上校的存在无关于战争的胜负,他们需要的仅仅是情报而已。

因此,才有了开始南希夜探军营的情况。也正是因为南希对这次任务的坚持,所以,在她间谍生涯中会再次涂上浓重的一笔。

"H"基地依旧守卫森严,在唯一的一个出口处,两个士兵不断地徘徊,仔细地盘查着每一个进出基地的车辆和人员。

"什么人?停车!"当一辆黑色的卡车来到基地门口的时候,两个士兵立刻拿起手中的枪械,瞄准了司机,并发出警告。

"不要开枪!不要开枪!我是给你们后勤处运输土豆的,你们在我那里订的一车土豆,让我今天开车送过来!"司机赶紧从车上跳了下来,举起自己地双手,向两个士兵解释道。

"趴在车上别动!"其中的一个士兵上前一下子将司机按在汽车上,另一个士兵仍然端着枪械,紧紧地盯着司机的举动,一旦司机稍有异动,枪膛内的子弹就会射入司机的身体里,结束司机的生命。

司机被按在车上,士兵仔细地搜查着他的身体,没有放过任何一个角落,确认司机没有任何枪械后,士兵开口道:"快点拿出证件,还有给你开出的订货收据。"

"在这呢!在这呢!"司机赶忙从破旧的夹克口袋里拿出了一张皱皱巴巴的纸张,"长官,只有这个行吗?你们后勤处就给我开了这个条,其他的什么都没有啊!"

司机满脸惶恐地说道,生怕这些吃人不吐骨头的纳粹士兵将自己当成嫌疑犯送进集中营。

"在这老实地等着,我去核实一下,要是让我知道你骗我,哼!"负责搜身的这个士兵拿着字条来到自己的岗位亭旁边,抓起电话,向后勤处开始询问是否确有其事。

此时,谁都没有注意到,在厢式货车后面的土豆堆里,一个蜷缩着身体的人正静悄悄地聆听着外面的对话。

"嗯!嗯!好的!好的!"拿着黑色电话筒的士兵一边听着电话,一边不住地点头。

士兵将电话重新挂好之后,跑了过来,尽管已经核实了这个人的信息,但是他说话的语气仍然十分傲慢和专横:"记住,到里面老实点,否则其他人也会对你不客气的。快点进去,别挡着路。"

柴油发动机沉重的声音再次响起,可能是因为车辆载重很大的原因,也可能是出于害怕的心理,货车司机开得很慢,沉重的货车缓缓地向基地里面驶去。

就在汽车缓缓前进的过程中,谁都没有注意到,一个敏捷如豹的身影从车斗里窜了出来,迅速隐蔽到一个木质房屋的后面,潜藏在了房屋的阴影之中,如果不是靠近看,根本无法发现这里隐藏着一个人。

这个身影不是别人,正是南希·韦克。经过南希连续一个星期的蹲点守候,终于找到一个可乘之机,那就是给这个基地负责送后勤的货车。

"H"基地内德军人数显然非常多,因此每天消耗的物资非常大,远水解不了近渴,从德国运输过来的物资根本无法满足基地的消耗,在迫不得已的情况下,只能选择就近采购。

在要人命的子弹和贬值马克的双重威逼下,镇子里的居民也只能默默地忍受德军的剥削。用他们辛辛苦苦获得的粮食、蔬菜去换取已经贬值的马克。

南希敏锐地发现这一个契机，趁着这辆拉土豆的卡车司机不注意，她机敏地钻入车厢，隐蔽起来，混入德军基地。

太阳已经落入了山谷，一轮弯月从天边缓缓地升起，淡淡的月光洒满大地。

南希借着夜色的掩护，开始了侦察活动。敏捷的身影犹如猎豹一样，在基地内不断地穿梭，躲避过一个又一个岗位，最后她将自己隐藏到一个特殊的小木屋后面，静静地聆听着屋内的动静，显然这个特殊的木屋引起了她很大的兴趣。

虽然隐藏在房子的后面，但是南希依旧能够闻到这个木屋内传出来的淡淡的特殊香气——女人化妆品以及女性特有的体香。

屋内漆黑一片，除了偶尔翻身的动静和低喃声，此处安静至极。

南希蹑手蹑脚地走到门口，缓缓地从脚腕处拔出一根长约5厘米的钢丝。纤细的钢丝慢慢地伸进锁眼，没用几下，她就打开了房门。南希悄悄地走进屋内，没有发出一丝声响，她随手将房门轻轻地关上。

借着外面的月光，南希可以看到床上一个穿着睡衣、侧身熟睡的身影，而睡衣前高高的突起也进一步印证了她的猜测，这个人是女子。

南希一步一步地向那个熟睡的女子走去，仿佛猫一样，动作很轻，不发出一丝声响。

南希悄悄地走上前，五指紧闭成刀状，又快又准地砍在这个熟睡女子的脖颈上，女子呻吟了一下之后，便晕了过去。

南希迅速地开始搜查起整间屋子，最后终于在衣柜里找到了一套她合身的衣服。这就是南希为什么要采取这步行动的原因，要想对基地进行更深地了解，南希必须乔装打扮，而能够自由进出档案室的女秘书无疑是最好的掩护。

穿戴上整齐的军装，南希望着床上昏迷的女子陷入了沉思。此时教官教导她们的话语再次在耳边响起："世界上只有一种人会严守秘密，那就死人。不要认为自己的嘴巴有多硬，再硬的嘴巴也会被残忍的酷刑所敲碎，所以，为了你们的安全和保密性的需要，必须要谨防任何泄密的行为以及可能泄密的人，一旦你们的身份暴露，那么不光你们的生命将受到威胁，我们辛辛苦苦所付出的一切都将化为乌有。"

南希并不是杀人狂魔，虽然她以前也杀死过一些德军的军官和士兵，但是此时让她对于一个手无寸铁、昏迷不醒的女子痛下杀手，她还是没法狠下心肠。

南希找到了一个长长的绳子，按照间谍训练时学会的特殊捆绑方法将女子捆了起来，同时，在她的嘴中塞了一块毛巾，防止其发生声音。

基地内部虽然没有进出口那么严格的检查，但是相应的巡逻兵还是有的，当南希一身德军女兵军装的打扮出现在基地时，巡逻兵没有上前检查。这些巡逻兵对于基地出现的"雌性动物"都非常敏感，因为在"雌性动物"的身后可能就会站着某个顶头上司，她们一旦吹起枕边风来，很可能就会结束他们的士兵生涯，甚至使其彻底消失在这个世界上。

凭借出色的头脑，南希在逛了大约 20 分钟之后，就将整个基地的大体轮廓记录在心底，包括一些岗哨以及巡逻的路线，当然也包括一些特殊的军事禁区。整个基地就军事禁区是最为特殊的，闲杂人等根本无法靠近。南希还未接近禁区门口，就被荷枪实弹的士兵出声警告，示意她远离。

由于害怕身份暴露，听到警告的南希立刻离开禁区，只是眼角的余光依旧停留在禁区上。"这里面到底有什么秘密呢，需要这么严格地守卫？"种种问题在南希心里久久地徘徊，她暗自下定决心，定要把禁区彻底查清楚。

正当南希准备向亮着灯的指挥部走去的时候，基地内突然响起来了警

二战浪漫曲

82

报声,尖锐的警报声在寂静的夜晚回荡,显得格外刺耳,远处无数的士兵从休息的营房里冲出来,四处搜索着什么。

"仔细盘查每一个女子,不要放过任何一个。"

突然响起的警报声也将南希吓了一跳,正当南希准备上前询问的时候,远处突然传来了命令声。

南希一听,知道自己的形迹败露了,否则不可能大动干戈地搜查女性。就在南希不远处刚好有一辆停放着的卡车,她几个箭步就窜到卡车旁边,迅速钻到车底,一动不动地趴在地上,连呼吸也渐渐变得非常缓慢。

艾斯慢慢地从禁区内走出,两个警卫马上立正敬礼,向艾斯问好。

"发生什么事情了? 警报怎么响了?"艾斯向其中的一个警卫询问道。

"报告上校,是维多拉拉响的警报。"被询问的警卫向艾斯报告:"据说……"

"据说什么? 有话就说,别吞吞吐吐的。"艾斯注视这个警卫,带着训斥地口吻说道。

"据说……据说是维多拉上尉在一个军官秘书的房间里,发现了被捆绑起来的女秘书。"这个警卫说话的动静越来越小。

"哼!一群就知道找女人的废物,好了。你们俩给我守好这里就行了,其他的事情交给那些废物去办好了。"艾斯不满地说道,之后又转身回到了禁区之内。

在艾斯看来,如果自己的手下连这点事情都办不好,那他们根本就没有存在的必要了,是"一群就知道玩女人的废物"。

警报声响了一阵之后便停止了,德军士兵没有任何发现可疑的迹象,只能认为潜伏进来的人已经逃出了基地。虽然警报已经撤销,但是基地的巡逻任务却变得异常频繁,南希只好继续躲在车子底下,等待着机会。

夜晚的水汽很重，一些水珠悄悄地在南希的衣服上凝结，将她的军装打湿。在车底下潜伏了差不多4个小时之后，南希感觉这个时候是最好的逃离时机，根据人类的生理特点，人在凌晨2点到5点时最困，也是个人防御意识最为松懈的时候。

南希静悄悄地向她当初进来的基地门口摸去，远远地就能看到两个守卫士兵站在那里，长枪挂在地上，脑袋一下下地点动着，显然十分困倦。

南希在思考了许久之后，终于想到了一个可行的办法。

在基地进出口的哨岗不远处，有一棵大树，也不知道什么原因这个大树躲过了被砍伐的命运，显得特别另类。

南希悄悄地来到大树后面，锋利的匕首已经被她紧紧地攥在手里，随时可以划破敌人的咽喉。

"啪"的一声轻响，在死寂一般的黑夜中显得那么响亮。这是南希故意弄出来的动静，为了吸引门口的那两个哨兵过来。

"嗯？你听到动静了么？"突然的响声引起了士兵的注意，他注视着南希所在的方向，试图能够搜索到什么，但是漆黑的夜幕掩盖了一切。

"可能是老鼠吧，别烦了。让我再休息一会。"另一个哨兵显然满不在乎，随便将声响归结于可恶的老鼠身上。

士兵并没有放弃，他端着步枪，非常利索地拉上枪栓，向南希的方向缓缓地走来，而另一个士兵只是看了一眼自己的同伴，又打起瞌睡来。

躲在大树后面的南希小心翼翼地挪着脚步，将身影隐藏起来。

就在士兵稍稍松懈之时，南希一个箭步来到他的身后，左臂紧紧地箍着他的脖子，同时捂着这个士兵的嘴，与此同时，右手中紧紧攥着的锋利匕首犹如闪电一样，迅速划过士兵的咽喉。

鲜血犹如爆发的火山一样，不断地喷射而出，士兵几次试图挣扎，但最终都以失败告终,他的目光渐渐开始涣散开来,瞳孔也逐渐放大。

"要想杀死一个人不让他发出任何声响和警报,最好的方法只有两种,一是一枪命中眉心,人体大脑中的脑干位于人眉心的后方,眉心一旦被子弹命中,整个系统将在几秒内彻底瘫痪;另一个就是割咽喉,一旦咽喉被割破,人体的声带因为肺部气体的外窜无法发出震动,也就不能发出声音。"已经融入骨子里的应变能力,使得南希果断地根据此时的情景选择了后者。

将这个被杀死的士兵拖到大树后面,南希开始了她下一步的行动。

另一个守卫依旧挂着枪睡意沉沉,当脚步声再次响起,他只是下意识的认为是自己的同伴回来了。

同样的手法和方式,南希轻松地干掉了两个守卫,迅速向远处跑去,身影越拉越远,很快便消失在空气中。

当黎明的第一缕曙光划破天际,德军在换岗时发现了被杀害士兵的遗体,但是一切都迟了,南希早已逃得无影无踪。

为了防止敌人追踪,南希绕了很长的一段距离,最后骑着马再次来到法国境内的抵抗组织的营地,巧合的是,南希在这里又碰到了她的老朋友——皮埃尔。

"真是好久不见!你变得越发漂亮了!"在营房内,皮埃尔和南希两个人面对面坐着,皮埃尔望着阔别两年的南希,曾经的点点滴滴再次在脑海中浮现。

"是啊!虽然只是短短的两年,但是没有亨利的日子,每一天都仿佛一个世纪那么漫长。"

听南希再次提到亨利,皮埃尔心里很不是滋味,"你这两年过得怎么样?还好吗?"皮埃尔不希望南希继续沉浸在悲伤中,他赶紧岔开话题询问道。

"还好吗？从亨利走地那天起，我就再也不会好了。"南希忧伤地说。

"肯定会好的。现在德军已经日暮西山，开始显露失败之势了。"皮埃尔肯定地说道，一方面是对南希的安慰，另一方面是给自己一份信心。皮埃尔清楚，虽然自己说的是事实，但是目前的德军的势力依旧不是他们能够轻易撼动的。

"我回来就是为了这件事，除了为亨利报仇以外，更重要的就是尽可能地摧毁德军有生力量，为盟军反攻提前做好准备。"

"啊？虽然我也要杀掉艾斯为亨利报仇，但是你可千万不能鲁莽啊！"皮埃尔生怕南希会冲动行事，将自己陷入危险的境地。

"放心吧！我不会冲动行事的。具体的事情我也得听从´白鼠´的安排，按照她的计划行事。"

南希在这里小小地撒了一个谎，她将间谍身份隐藏起来了，故意说成自己只是"白鼠"手下的成员而已，要服从"白鼠"的安排。并不是南希不信任皮埃尔，而是出于对自己工作操守的责任。从南希成为间谍的那天起，她与英国、法国甚至其他盟军联系的方式只能以"白鼠"的名义，即使德国想要抓捕，也是抓捕"白鼠"，而不是南希·韦克。

当南希从上司手中接过这一个任务的时候，她便想好了如何安排自己和"白鼠"之间的关系，只有这样才能更好地隐藏"白鼠"的身份。

"'白鼠'？如果是'白鼠'的话，那么就很好办多了。"皮埃尔对于这个神通广大的"白鼠"也是久闻盛名。

第二天早上，抵抗组织参谋部的桌面上多了一封神秘的信件，信件的署名是曾经数次给他们传递情报的"白鼠"。对于这个神秘的信件，没有人知道它出现的时间，好像它就是从桌子上长出来的。

信件很快就被送到营地最高长官的手中，信的内容除了一幅地图外，还有一张纸条，其上写道：

"已查实艾斯基地的内部部署情况，附地图一张，此外，基地有个秘密的军事禁区，盟军所需情报，肯定就在其中，因此不惜一切代价潜伏禁区，现亟需密切配合盟军和其他谍报人员的一切行动。具体行动如下：一、法国抵抗组织对在南方的小镇制造事端，将'H'基地内的守军尽可能多的调走，为后续的任务进行掩护。二、当基地守卫被调走后，调集一切能够调动的力量对'H'基地进行突袭，制造混乱。三、由盟军的相关情报人员进行潜入秘密军事禁区，进行最后的行动。"

当然，为了防止计划泄露，信件中并没有交代具体的行动时间，只是在最后留了一句"具体行动时间，另行通知。"虽然信件上的署名是"白鼠"，但是抵抗组织的最高长官不得不慎重，这不是一个人、两个人的问题，如果信件上的内容是真实的话，那么即将发生的很可能是一场不小的局部战争，一旦情报是敌人的陷阱，那么他们所有的人都将陷入万劫不复之境。

但是，没过多久，负责联络英国情报局以及法国抵抗组织的联络员传回信息，确认了"白鼠"所留信件的可靠性。

同样的神秘信件在一个星期之后，再次出现在法国抵抗组织的参谋部里，信中没有其他的废话，只有非常简短的一句："第一、第二步行动后天晚上展开，第三行动在后天午夜开始展开。"

接下来的两天里，整个法国抵抗组织都陷入了一种亢奋之中，他们被纳粹德军压抑得太久了，一直依靠潜伏活动的他们，急切地想要和德军来一场面对面地碰撞，即使倒在战场上，也无所畏惧。

硝烟弥漫，弹雨横飞，作为吸引纳粹德军注意力的抵抗组织，在一个小镇上与德军发生了激烈的交火。枪炮声、嘶喊声、爆炸声以及伤者痛苦的哀号声混杂在一起,仿佛是末世中吹响的号角。天空被浓烟所笼罩,空气中充满硝烟的味道,非常刺鼻。

但是,纳粹德军和法国抵抗组织都已经陷入到战争的泥潭之中,根本没有人察觉到这些,他们的眼中除了飞来的子弹、遍地的尸体外,就剩下敌人的身影了。

夜幕悄悄笼罩大地,南希犹如幽灵一样静静地隐藏在"H"基地的外围,等待着时机的到来。虽然这里距离直接交战的战场很远,但是南希还是能够清晰地听到远处传来的枪炮声。

就在基地的不远处,南希透过黑色的夜幕依稀能够看到一些人移动的身影。如果是平时,"H"基地内的守卫定能发现这些身影,但是此刻,整个基地内差不多已经处于空虚状态,许多士兵都被调到一线战场,加入了前线的战斗。按照南希的估算,整个基地内应该没有太多的守卫。

但是,事实真的如此吗,艾斯真的是一个那么容易犯错的人吗?

忽然,一阵急促的机枪声从基地内响起,基地内警铃大作。潜伏在不远处的南希知道,皮埃尔他们开始行动了。

"皮埃尔,一路小心啊!"趴在不远处的南希默默地为皮埃尔祈祷着。

尖锐刺耳的警报声如同魔音一样划破寂静的夜空,基地内火光冲天,各种叫喊声,爆炸声混成一片,到处都是混战的人群。

午夜时分,南希如同一个幽灵一样,手上紧紧地握着手枪,向基地内的禁区摸去。一路上,南希不时地碰到被打散的德军,对于这些德军,南希回应他们的都是催命的子弹。

"啪"的一声,弹夹掉落在地上,南希迅速从腰间再次掏出一个弹夹,给手枪换上。这已经是她射空的第二个弹夹了。南希并不是超人,虽然她已经击毙了10多个零散的德军,但是她也为此付出了一定的代价,肩膀上缠绕

二战浪漫曲

着的白布此时已经被鲜血殷红,显得格外显眼。

禁区外的警卫已经成为冰冷的死尸,睁大着眼睛望着天空。站在禁区门口,南希感觉非常奇怪,为什么这里静悄悄的呢?外面已经打得乱成一锅粥,但是这里没有枪声,没有爆炸声,更没有叫喊声,一切都显得那么的诡异,一种不好的预感突然涌上南希的心头。

南希非常紧张,她小心翼翼地推开禁区的大门,缓缓地向禁区里面走去。

进入禁区里,首先映入南希眼里就是布满散乱文件的通道以及那些仍在流淌鲜血的尸体,其中不仅有德军的士兵,还有一些身着抵抗组织服装的尸体,这表明此处曾发生过一场混战,对于地上的德军尸体,疑惑再次涌上心头,他们不是应该被外面的枪声吸引,去外面战斗么,怎么会死在这里呢?

"坏了。"南希突然想到一种可能,那就是法国抵抗组织并没有完全按照计划行事,而是单独对这里发动了进攻。任何时刻和组织中,总是不乏一些贪图功劳的人。虽然自己的计划是以英国情报局的名义署名的,但是并不是所有的人都会买自己的账,要知道,盟国可不是只有英国一个国家。

南希的内心犹如火燎一般,非常焦躁,她快速地向禁区内部里面奔去,一边跑还在一边四处观望,寻找可能存放重要档案的档案室。

最后,南希在一个非常偏僻的角落里发现最有可能是存放档案的地方——机密会议室。

"我等你很久了!"当南希刚刚推开机密会议室大门的时候,屋内传来了一句冰冷的问候话语,一下子将南希打落到了谷底。南希仿佛被施了定身咒一样,愣愣地站在那里,空气也仿佛停止了流动,时间似乎被这句冰冷的话语冻结。

"为什么不进来？这里可是有你许久不见的老朋友呢？"冰冷的话语在从会议室内传来。

现在整个禁区内已经没有一个敌人，南希可以轻松地逃跑，但是她最终还是选择了进入会议室，身为间谍的她，必须完成组织交给她的使命，帮助盟军得到那份情报。因此，她一定要弄清楚里面发生了什么情况，况且自己身上还背负着丈夫的血海深仇。

会议室很大，中间是会议长桌，原本应该整齐摆放的椅子此时变得非常杂乱，会议室两边是散乱的文件柜。一个身着德军军装的男子坐在椅子上，望着推门而入的南希，在他身旁的地上，还有一个男子一动不动地躺着，不知是死了，还是昏迷。

南希进入屋内之后，粗略扫了一眼会议室内的环境，以便确定这里是否安全。对于一个间谍而言，学会如何掌握对自己有利的环境是非常重要的，这不仅仅关乎任务成功与否，更关系到生命安全。

南希很快将注意力集中在德国军官身上，艾斯，他就是艾斯！南希迅速拿起手枪，指向他，满脸惊讶地说道："艾斯！你怎么会在这里？"

"千万别激动，放下武器，你不看看地上躺着的是什么人么？"杀死南希丈夫的凶手艾斯并没有被南希的手枪所恐吓住，而是晃了晃手臂，歪着脑袋示意南希看躺在地上的人。

直到此刻，南希才注意到，艾斯左手正握着一把银色手枪，枪口指着躺在地上的那个人的脑袋，只要艾斯的手指轻轻地一勾，子弹就可以打爆地上那个人的脑袋。

躺在地上的那个人衣服以及背影是那么的熟悉，"皮埃尔！他怎么会在这里！"南希惊讶地说道。

"他是谁，怎么会来这里，我并不清楚，但是我真是惊讶啊，能够在这里见到久违的通缉犯南希·韦克。"艾斯注视着南希,平静地说道。

"艾斯·博尔特,你已经逃不了! 整个基地很快将被肃清,到时候你成为孤家寡人,不要再做无谓的抵抗了,放了皮埃尔!"南希心里非常清楚,他必须稳住艾斯,否则皮埃尔的生命很可能就会被廉价的子弹所结束。

"哈哈哈!"艾斯大笑,"你真当我是傻瓜或者笨蛋吗,南希·韦克? 你们在算计我的同时,我也在算计你们。自从上次基地被入侵后,我就已经猜想到你们接下来的任务是什么了,再加上从俘虏口中获得的只言片语,更加印证了我的猜测。我清楚自己身为一个德意志帝国军官的职责,那就是向伟大的元首阁下尽忠,帮助伟大的元首阁下,扫清他统一世界道路上的障碍,尤其是你们这些垃圾!"

"嗯……"此时,被打晕在地上的皮埃尔突然发出一阵呻吟,他正在苏醒。

艾斯望了一眼地上的逐渐苏醒的皮埃尔,没有过多理会,只是手中紧握的手枪一直指着他,这就足够了,他随时可以结束皮埃尔的生命。

艾斯侧着脑袋,望着南希继续说道:"你不奇怪么? 为什么我明知道你们会进攻这里,却一个守卫没有留下!"

听到这儿,南希·韦克的额头开始冒出冷汗,她想到了一种可能,她十分希望自己的猜想是错误的,但是,艾斯接下来的话语彻底让南希的心坠入了冰窟。

"你们的计划无非是调虎离山,之后趁机攻入此地。我刚好将计就计,如你们所愿。我想你应该清楚地知道我来这里的目的是什么,那就是彻底扫清你们这些残余的抵抗分子,现在机会终于来了! 哈哈哈,我将能调动的部队都投入前线之中,他们会用冰冷的子弹告诉你们,德意志帝国的荣耀是不可侵犯的。而在这个基地的周围,我将从德国空运过来的所有炸药都埋在基地周围，并且设定好时间。别动，你不要想着逃跑。"

当南希听到艾斯的话语，马上准备要逃跑。此时，她已经明白，艾斯根本就是一个疯子，为了纳粹德国和希特勒，他甚至不惜与法国抵抗组织同归于尽。

但是艾斯突然调转枪口，冰冷的枪口对准了南希，并且发出警告，南希不得不停下来，继续和他周旋。

她静静地站在艾斯的对面，右手紧贴在后腰上，目光平静地注视艾斯以及他手中随时可以结束自己生命的手枪。

"哈哈哈，你们自以为计划成功了，可是别忘了，整个法国境内不是只有我这么一个营地，我早就通知其他的营区，一旦这里发生大的变故，他们会立刻赶来支援，也就是说，你们完全错估了我的实力，接下来，你们即将面临的是几倍，乃至十几倍的德意志军队的攻击，抵抗在猛烈的炮火面前，都将成为无谓的牺牲。很快，随着剧烈的爆炸，一切都彻底结束，高贵的日耳曼人将彻底统治整个法国……"

"嗯？南希，你怎么在这里！啊，艾斯！"正当艾斯面目狰狞地向南希讲述自己完美的计划时，皮埃尔已经清醒过来。此时的他距离艾斯非常近，艾斯不得不将枪口调转方向，再次指向皮埃尔。

"我们的孤胆英雄醒了！真是难得，孤身就敢进入此地，这份魄力还真是让人钦佩！"艾斯的话语非常平静，不知道是褒奖还是贬低，虽然他是在对皮埃尔说话，但是眼角的余光一直注视着南希，以防她有任何举动。

"应该是我问你啊，你怎么会在这里？原计划不是让你们只去肃清纳粹分子吗？"看到皮埃尔醒过来，南希心里很担忧，她大声地向他责问道。

"我……"皮埃尔突然变得磕磕巴巴，似乎想要说些什么，但是最后没有说出口。

"轰！轰！轰"就在这时，几下巨大的爆炸响声，整个基地似乎都在晃动。

"哈哈哈！开始了！"听到外面猛烈的爆炸声，艾斯仿佛听到了天籁一样，"一切都将结束了，你们失败的命运已经注定，反纳粹者注定要成为我们元首统一世界的垫脚石，永远被踩在脚下。"

"轰"又是一声巨响，这响动要比刚才的几次爆炸更加猛烈，外面的哀嚎以及枪炮声混成了魔音，即使坚固的水泥墙也无法抵挡这些无孔不入的魔音。档案室内原本有些歪曲的档案柜，随即倒塌，文件四处飞散。

看着仿佛陷入梦境的艾斯，皮埃尔一个箭步冲到艾斯身前，五指紧握成拳，拳头犹如闪电一样向艾斯的头部划去。

或许是得意忘形，原本谨慎的艾斯被皮埃尔猛烈地一击打倒在地上，痛苦地呻吟着。

就在皮埃尔行动的同时，南希也迅速地从后腰拔出手枪，"砰砰"两声枪响，子弹命中正蹲在地上呻吟的艾斯，血花四溅，他捂着中枪的胸口，血液很快殷红了手套。

南希端着枪，还想要上前彻底击毙艾斯为丈夫复仇，但是此时皮埃尔冲了过来，拉着南希便往禁区外面跑，拽着南希的同时，他还大声地说道："快跑，别管那个疯子了，再不出去我们都没命了！"

尽管久经训练的南希力气很大，但是还是被皮埃尔强拽着向外面狂奔，只是南希的目光不时地向躺在地上的艾斯望去。

就在两个人要逃出会议室的时候，意外发生了。一声枪响，皮埃尔一个趔趄，倒在了冰冷的地面上。

身中两枪的艾斯平举着枪，咧着带血的嘴角，笑得很开心，在临死前他还是拉了一个人陪葬。很快，他的眼睛失去了光亮，笑容也随之散去，平举着手枪的双手缓缓放下，心跳停止了。

对于仿佛闪电般发生的一切,南希显然被惊呆了。她怎么也没有想到,在这最后关头会发生这样的事情。她抱着中枪的皮埃尔,不住地呼唤着他的名字。

"咳咳"皮埃尔猛烈地咳嗽了两声,但是鲜血也随着他的咳嗽从嘴角缓缓地流出,"南希……不要管我,赶紧从这里逃出去。咳咳……这里就要崩塌了! 真是对……不起,原本想要将艾斯抓住亲手交给你……帮助亨利报仇,但是……一切都……"

皮埃尔没有说完最后的话,双手便垂了下来,被南希抱在怀中的脑袋也歪向了一侧,再也没抬起来。

直到此刻,南希才明白皮埃尔为什么会出现这里,他不是为了什么抢夺功劳,也不是为了什么荣誉,而仅仅是为了能够提前抓住艾斯,帮助自己复仇。

"皮埃尔!"南希的哀嚎仿佛穿透了时空的距离,响彻云霄。

"轰"又是一声巨响,南希将皮埃尔的躯体缓缓放下,用衣袖擦了擦眼角泪水,她凝重地望了皮埃尔最后一眼,转身向外面跑去。

奔跑中的南希虽然步伐奇快,但是她的内心却仿佛背负着一座大山,艾斯死了,亨利的大仇已报,但复仇的代价实在过于沉重,沉重得使南希喘不过气来,又一个亲密的朋友因为她而死在了纳粹的枪口下。

此时,南希清楚地明白自己的使命,皮埃尔不能再度复生,现在唯一能做的就完成皮埃尔生前的遗愿,将纳粹分子赶出他所热爱的祖国——法国。这份遗愿同时也是亨利的遗愿,他生前就为之奋斗,南希要继续完成它。

历史的长河中总是有无数的巧合相互碰撞,激起无数的浪花,每一朵浪花中都演艺着各式各样的故事。如果坐在苹果树下的牛顿没有被掉落的苹果砸中,可能也就没有今天的牛顿三定律。

尽管艾斯百般算计,煞费苦心,但是一个意外却将艾斯的整个计划彻底打乱。一条主干道的桥梁不知道什么时候被人炸断,德军运送兵力的卡车不能通行,无法给予及时的支援,当支援的德军跋山涉水赶到战场时,一切都已结束,除了一片狼藉的焦土以外,根本看不到一个法国抵抗组织成员的身影。

法国抵抗组织成员都沉浸在喜悦的氛围之中,他们取得了一次空前的胜利,这是他们有史以来歼灭纳粹德军人数最多的战役之一。

但是,与皮埃尔熟悉的几个人却怎么也开心不起来,皮埃尔逝去的悲痛犹如阴云一样笼罩在他们的心头,久久不能散去,南希无疑是这些人最为伤心的一个。

南希的任务失败了,为了能将所有人都拉进来陪葬,艾斯在"H"基地四周和内部布置了大量的炸药,随着整个基地的爆炸,这里成为了一片焦土,所有的文件不是被烈火焚毁,就是被矮矮的沙土所掩埋,南希根本无法获得有用的情报。

人有失手,马有失蹄,没有人能够保证所有的任务都百分之百的完成,南希也是一样。对于南希的失手,英国特别行动支委会在了解了当时的情况之后,没有过多的追究,南希的接头人只是传来了一句:"等待命令。"便再次消失于茫茫人海之中。

南希明白,纳粹德国一天没有战败,她的使命就没有结束,她仍将作为隐蔽战线上的一个"幽灵",继续为了亨利、皮埃尔以及更多饱受纳粹摧残的人们作战。此后的一段时间里,"白鼠"犹如无孔不入的幽灵一样,活跃在德军的各个军事基地和战场上,为盟军源源不断地传递着各种各样的情报。

二战谍雄

为了能够抓住这只狡猾的"白鼠"，德军贴出了更高的悬赏通缉令，南希特意弄到了一份，每当看到那张略微发黄的悬赏通缉令时，她便笑得非常开心，因为，这张薄薄的纸片毫无疑问是对她的功绩的最好肯定。

战斗仍在继续

1944 年,德国势力已经减弱了许多,可是战争并没有结束,还有很多纳粹的残余势力在法国进行破坏活动。作为间谍的南希·韦克不能停下脚步,她还要在危险中奋斗,直到战争结束的那一刻。紧张的时刻又将来临,南希·韦克接到了新命令,她要和一名队友会合,然后去完成新的任务。

当太阳再次升起的时候,南希·韦克要到一个指定地点与队友会面。她从来没有见过这个人,还不知道他长什么样子,唯一可以辨认的方法就是两个人的暗号。这虽然不是南希·韦克第一次接受任务,但是她却非常紧张,她有一种预感,也许这一次会是一个大任务。

南希·韦克站在镜子前好好地端详了一下自己,青春在悄然离去。自从走上了间谍这条路,她似乎已经忘记了自己是个女人,也忘记了生活的意义。她又要启程了。南希·韦克换上了一身黑色风衣,化上淡妆,走出房门。

根据上级的指示,南希·韦克要到城南边一家蛋糕店与自己的队友集合。1944 年 4 月,春天的脚步有些缓慢,法国天气还有些寒冷,风像一把锋利的刀划过南希·韦克的脸庞,她把头缩进了大衣里。路上的行人很少,南希·韦克环视了一下四周,忽然感觉自己好孤独。

这条路似乎特别漫长,她走了很久,路边的风景十分美丽,但是南希·韦克没有心思去欣赏。她的心里很乱,每一分钟都在与敌人作较量,虽然已经确定没有人跟着自己,但是出于间谍的敏感,她还是不敢有一点放松。这次与队友的接头非常重要,稍有疏忽就会让自己暴露,甚至还会让队友受

二战谍雄

到连累。她仔细地观察着，在转弯时，刻意停一下，生怕有人跟踪。越靠近蛋糕店，心里就越紧张，脚步也不由地慢了下来。

远远的，南希·韦克看到了蛋糕店的门口挂着一条白毛巾，在别人看来，这只是个平常的景象，但是南希·韦克知道其中的含义，这是队友给她发出的信号。白毛巾代表安全，黄毛巾代表有危险。看到安全的信号，南希·韦克装作客人走进了饭馆。

由于之前都没有见过面，所以这次会面主要依靠的是暗号。走进饭馆以后，南希·韦克找到了一个位置坐下来。由于时间太早，这家蛋糕店还没有顾客，周围很安静，一见南希·韦克走进来，侍者问道："小姐，您想吃点什么？"

"我要一份带有杏仁的面包，还要一杯咖啡。"

"小姐，我们这的杏仁面包卖完了，您看黄油面包行吗？""我不爱吃黄油面包，那就给我一份全麦的面包吧！"

看似平常的对话，其实是已经设计好的暗号，从侍者的眼神里可以看出他已经领会了其中含义，然后轻声说了句："小姐，请稍等。"

侍者并没有去为南希·韦克准备食物，而是把蛋糕店的门关上了，并挂上了"今日休息"的牌子。不一会儿，从后面走出来一个人，南希·韦克站起身来，并且用自己的左手摸了摸右边的肩膀。对面走过来的那个男人用右手摸了摸自己的耳朵。看到这一幕，南希·韦克笑了笑说道："你就是 N19？"

男人的嘴角掠过一丝微笑，"早就听说过'白鼠'的名字，没想到今天终于见过你了，人如其名，你长得真漂亮。"

南希·韦克用一种怀疑的眼神看了看"N19"，这个人真的是自己的队友吗？他一副玩世不恭的样子，怎么在这个到处是危险的间谍行业生存下去？南希·韦克甚至开始怀疑自己的判断，若不是他说出了事先安排好的暗

二战浪漫曲

号,南希·韦克一定转头离开了。

对于"N19",南希·韦克早有耳闻,据说此人总是一副什么都无所谓的模样,心思却异常缜密。南希·韦克看了看眼前的这个男人,他的外貌正如传言中所描绘的,至于处事风格,还需要进一步考验。

"N19"似乎猜透了南希·韦克的心思,他还是一副笑眯眯的模样,并没有要为自己开脱的意思。在以前的间谍活动中,南希·韦克从来没有遇到过这样的人,他的样子让人没有安全感,如果他要把这种姿态放到间谍任务中,那等待他们的只有暴露。她不得不对这个男人提出警告:"认真点,到底有什么任务,快点告诉我,这里很危险,我们要赶快离开。"

"急什么?来都来了,吃点东西再走吧!你这么美丽,能和你一起吃饭,那是我的荣幸啊!"

听到这些话,南希·韦克更加生气了,开玩笑也不挑地方,到底要怎么说才能让这个男人认真起来呢?想到即将要和他来完成任务,南希·韦克开始有些恐惧,她不知道将来会发生什么。在任务还没有得到之前,南希·韦克只好随他。气愤地看了一眼"N19",她没再多说什么。

房间里变得安静起来,"N19"还是那副样子,他的眼睛盯着南希·韦克不肯离开,脸上依旧挂着令人讨厌的笑容。

"你就不能快点说吗?现在还有心思品尝面包和咖啡,你是想让咱们俩都死在这吗?"南希·韦克终于忍受不了,她看起来气愤至极,以至于说话时脸涨得通红。

"哈哈,你生气的样子真可爱,和我一起死在这不好吗?"

接着,两个人陷入了沉默,南希·韦克并不想去理他,甚至不想多和她说一句话。

"算了,不逗你了,过来点儿,我要交代任务了。"N19"对南希·韦克说道。

南希·韦克以为他真要正经起来了，就向前倾了一下身子，想要听清任务到底什么。没想到这个擅长恶作剧的男人竟把咖啡端到了南希·韦克的脸旁边，接着说道："你真不喝吗？"

那一刻，南希·韦克忽然有了想把热咖啡倒到男人脸上的冲动，可是她还是忍住了，用恶狠狠的眼神看着"N19"。见她这副模样，"N19"又露出了笑容，他没有再和南希·韦克开玩笑，继续用那副无所谓的表情叙述起这次任务。

"相对来说，这次任务可能有点困难，我们要到法国中部的奥维涅省，在那里招募一些组织抵抗力量，争取在诺曼底登陆之前，削弱那里的德军抵抗力量。"

听到任务的内容，南希·韦克不禁一愣，在过往的经历中，南希·韦克还没有遇到这样艰巨的任务，特别是和这样一个人搭档，任务似乎就显得更加困难了。

"好吧！我们什么时候走？"南希·韦克向'N19'问道。

"怎么，着急了吗？'N19'"的脸上又浮现起那令人讨厌的笑容。

南希·韦克没有再理会他的问题，而是冷冷地说了一句："我回去简单收拾一下，然后来这找你。"

南希·韦克从蛋糕店的后门走出来以后，看到几个商贩在门口。凭她的经验，南希·韦克觉得这应该是自己人，看来"N19"早有准备，也许他真的是一个谨慎的人，这样就太好了，任务也不至于因为他而失败。

一个人走在大街上，看着两旁冰冷的建筑物，感受凛冽的风吹过自己的脸庞，南希·韦克不由得裹紧了大衣，大步向住处走去。这个坚毅的女人也有柔弱的一面，她不喜欢寒冷，甚至有种畏惧，一想到自己总是一个人，心里不免自艾自怜,很想好好哭一场。真的有人理解自己吗?真的有人关心我吗? 寂寞、孤独的感觉侵蚀着她的内心。

　　夜晚来临了,周围被黑暗包围着,静寂与孤独在空气里弥漫。自从南希·韦克成为间谍,这已不知是第几个无眠之夜了,往往此时,酒精与尼古丁是麻醉神经的最好的东西。回忆是痛苦的,现在又是无奈的,如果不是自己懂得心理调节,那么恐怕早就生病了。一个人在面临死亡考验的时候,都会显露柔弱的一面,更何况南希·韦克还是一个女人。可是在她柔弱的时候,她不能把这些事情和别人分享,唯一的方式就是在这漫长的黑夜独自化解这份感伤。

　　此时,房间里面黑洞洞的,只能看见一个亮光在闪动,那是南希·韦克手中的香烟。她坐在地上,背靠着沙发,旁边倒着几个酒瓶子,时间在悄然流逝,南希·韦克正以这种方式来化解她此刻的孤独。忽然,桌上的电话"铃铃铃"地响起来,清脆的声音打破了黑夜的寂静。她被吓了一跳,稍微愣了一下,想不到谁会在这样的夜里来电话。电话铃声响了好久,她不情愿地站起身,歪歪斜斜地向电话走去。黑暗里,她摸索了好一阵子,才把电话拿起来。还没等她说话,电话那头传来了一阵低沉的声音,"不要去蛋糕店了,明天晚上八点,你直接去火车站,到时候有人会告诉你怎么做。"

　　这几个字说得非常有力、清晰,没等南希·韦克说话,那端就传来了"嘟嘟嘟"的声音。她很生气,话筒被摔到了一旁,在半空中不停地摇晃。这个莫名的电话忽然让南希·韦克的酒醒了, 谁会在大半夜神秘兮兮地给自己打电话?难道情况有变,蛋糕店出现了危险。南希·韦克斜躺在了沙发上,她静静地盯着黑漆漆的窗外看了很久。任务又来了,随之危险也要来了。

　　看得出来上级对这次任务很重视,南希·韦克知道,之所以没有直接把任务传递给她,其中一定有原因,既然选择了"N19"来做她的搭档,一定有

二战谍雄

道理。不要看他一副玩世不恭的样子,但也许真的会有惊人的技能。刚一想到这,南希·韦克的脑海中就出现了"N19"那副讨厌的模样,她很快否定了自己的想法,也许是多想了,这次任务只能靠自己了,他不要招来麻烦就好。

南希·韦克有些紧张,一个简短的电话向她表明这项任务的隐秘程度,同时也意味着它将十分危险。

早晨的阳光透过窗子,洒满了整个房间,街上已经开始热闹起来,南希·韦克从睡梦中醒来,她努力地从床上坐起,却感觉头疼得厉害,也许是昨晚喝了太多酒的原因。阳光灿烂的早晨让人的心情很好,但南希·韦克总觉得有一件事情压在自己的心头。她想了半天,才记起昨晚接到的神秘电话。很多危险的事情会给人们带来刺激,间谍工作也是一样,有时南希·韦克会很享受这种感觉,这为她的生活增添了一些缤纷的色彩。

南希·韦克决定自己必须出门了解一下蛋糕店的情况,虽然已经被告之蛋糕店危险,但是去侧面打听一下也是非常有必要的。南希·韦克给自己简单化了一点妆,然后走出了房门。

此时的大街上很热闹,有上班的,上学的,还有一些小商贩开始吆喝起来,各种声音交杂在一起,听起来非常热闹。南希·韦克穿梭在人群中,步伐稳健、快速,她首先要去买份报纸,了解一下情况。如果真的是大事件,那报纸上一定会提到的,如果在报纸上找不到线索,那也许还不算太糟糕。

虽然身处法国,但是在这时,南希·韦克不得不多加提防,德国间谍很可能就在这些人当中,自己的一点疏忽都可能酿成大错。她找了一家咖啡店坐下来,仔细看报纸上面的内容。一个非常醒目的标题映入南希·韦克的眼帘,"城南一家蛋糕店里忽然燃起莫名大火,里面的人受了重伤,正在医院抢救……"

"莫名大火！"怎么会出现这种情况,她的心不禁一颤。从昨天的形势来看,那里是一个重要的联络地点,万一发生大火,损失一定很惨重。这件事情有可能与德国间谍有关系,他们发现了那个地方的异常,但是却没有办法光明正大的采取措施,这是在法国,没有人会允许他们那么做,所以就设计了一场大火,让那里的资料、人员都随着大火消失,这样既可以有利地打击法国间谍势力,又可以保护自己的身份。

种种推断让南希·韦克有些担心,敌人已经在行动了,他们的动作很快,如果这样一直发展下去,很可能威胁到战争局势。敌人正在走向失败,现在是最紧要的关头,他们很可能要破釜沉舟,要取得成功就要做周全的准备。让南希·韦克没有想到的是敌人已经在制造破坏活动了。想到这,她立即站起身,向家走去,她要做充分的准备,以保证在这次任务中取得成功。

等待是一个漫长的过程,南希·韦克盼望夜晚的到来,她想立即出发,投身到与敌人的较量中。夜里七点多,她出发了,向火车站走去。夜晚寂静,天空中没有一点光亮,黑暗侵蚀着每个人的内心。不知道"N19"会以怎样的方式来和自己会面,对于新任务,她也没有一点头绪,危险在慢慢向她靠近,可是不能退缩。南希·韦克裹紧大衣,大步向火车站走去。

动乱年代,人口流动很大,火车站人多,匆忙的人们不知要赶往哪里。南希·韦克平静地坐在长椅上,虽然她还不知道下一步的行动,但是良好的心理素质是一个间谍必须具备的,她不能在起跑线上输掉。要知道,在间谍培训的过程中,她可是付出很多努力的。南希·韦克看了看火车站的时钟,还有十分钟就到约定时间了,她找了个位置坐下来,"N19"的性格让她有些担心,他真的会按时出现吗？他又会以怎样的方式出现呢？南希·韦克的脑海里充满了问号,现在也许只有等待才是唯一的办法。

二战谍雄

看着时钟的指针一点点接近八点，南希·韦克也越加紧张起来，留意从身边经过的每一个人，但始终一无所获。过了一会儿，一个咖啡色卷发的女人向她走来，女人穿着平底鞋，一条很长的花裙子，头上还戴着顶白色的大檐帽，脸上画着很浓的妆。南希·韦克看了一眼，并没有太在意，女人长得很难看，脸擦得很白，却遮盖不住她本来的黑肤色。南希·韦克没有一直把眼光放到女人身上，而是继续四下寻找"N19"。

"小姐，你的皮包很好看啊！"女人和南希·韦克搭讪起来。

她说话的声音很小，但出于间谍的敏感，南希·韦克还是听出来这不应该是一个女人的声音，她的嗓音很粗。南希·韦克回过头来看了看这个可疑的女人，在她的眉眼之间，南希·韦克感觉到了一种熟悉。在没有确定这个女人身份之前，南希·韦克不能有所行动，也不能因为她耽误了自己的时间。一瞬间，她变得有些左右为难，冲女人笑了笑，然后道了一声谢，转过身去，不想再和她继续交谈。

时间快到了，南希·韦克并没有见到约自己来的"N19"，也没有接到任何指示，她心乱如焚。令她感到更苦恼的是，这个女人没有被她的冷漠打败，继续和她说话，南希·韦克回过头笑了笑。在那一刻，她看到这个女人用眼神和嘴形在向她诉说一件事情，"N……十……九"，南希·韦克几乎尖叫出来，她竟然是乔装打扮的"N19"。

想想"N19"的性格，这样的举动也不为过，可是这并不能取得南希·韦克的原谅。这次任务非常重要，他怎么可以把它当成儿戏来对待，两个人很容易就这样错过了，场合特殊，南希·韦克压抑着心里的不悦。随后，二人像是两个刚刚在旅途中认识的朋友，一同上了火车。

和这样一个搭档来共同执行任务是一件令人担忧的事情，虽然他的搞怪让周围充满了欢乐，但是这也非常容易让两个人陷入危险之中。南希·韦克讨厌和这样的人一起工作。谨慎是间谍要具备的基本素质，可是这个人似乎一点都不具备，她不懂得危险的含义，在他那儿，每一件事情都可能成为闹剧，他像个演员，想扮演什么就扮演什么。

"N19"带她来到了一个单独的车厢，他还是那样的表情，看不到一点认真的影子。南希·韦克用怀疑的眼神望向他，并且问道："为什么把自己打扮成这个样子？"

"这样不好看吗？哈哈……""N19"的脸上又浮现出那种令人厌恶的笑容。

"请你认真一点好不好，这次任务很重要，也很危险，以你这样的态度，我们都会死掉的。"

"N19"一直活在自己的世界里，依旧是那副表情，他对南希·韦克说道："这样很安全啊！连你都认不出我来了，不是吗？"

南希·韦克没有说话，抬头看了看他，虽然此人做事有些无厘头，但是有些时候恰巧因此才使他渡过难关。"N19"接着说道："那些人或许已经看到我的行踪了，所以我不能光明正大地走出来，以免引起他人怀疑，不仅会连累到你，还会让咱们下次任务无法完成。"

这一番话让南希·韦克轻轻叹了口气，看来他还是有点警惕性的，要不然接下来的任务就会非常危险了。南希·韦克独自坐到了窗口，眼睛望着外面的景色，她不想再和这个男人谈话，而"N19"好像非常累的样子，自己靠在座椅上睡着了。

经过几个小时的颠簸，终于到达了法国中部的奥维涅省，南希·韦克回头看了看"N19"，他睡觉时很安静，再配上这衣着，真像是一个女人。南希·韦克用手肘碰了碰他，突然"N19"迅速站起身来，不知何时手里已经多了一把手枪，指向旁边的南希·韦克。

大约两秒钟后，"N19"像是清醒了，对南希·韦克说道："唉，是你啊！这样很危险，知道吗？我差点把你当成敌人。"

这连续的动作把南希·韦克吓坏了，她并没有想到一个人睡觉时还会这么机敏，真不知道刚才他是在睡觉，还是在闭目养神。那一刻，南希·韦克忽然觉得这个搭档并不像自己想象的那样，他是一个警惕性很高的人。

到达奥维涅省以后，两个人迅速去了指定地点等待。间谍生活没有自由，只要上级让去哪里，就必须去哪里，在自己身份遭到怀疑以后，就更失去了自由。经过几次任务以后，很多人都在为了赏金想找到"白鼠"的踪影，自己的每一步都变得非常危险，所以这次"N19"承担了很多需要出面的工作。

在几个小时以后，"N19"带回了这次任务的主要内容，南希·韦克与"N19"主要负责在当地组织、招募抵抗力量，并且建立新的弹药武器库，以此削弱此地的德军武器装备和人员，从而取得战争的胜利。

虽说是在法国组织抵抗力量，但其危险系数很大。奥维涅省隐藏着很多法国奸细，一旦他们发现南希·韦克的行动，势必会进行破坏，到那时，不但他们会危险，就连那些勇敢参加抵抗德军的平民百姓也会受到威胁。

屋子里面静悄悄的，就连一向爱开玩笑的"N19"也安静了下来，两个人都在考虑这次任务的具体计划。不知道过了多长时间，"N19"突然对南希·韦克说道："如果我们要招募抵抗力量，那只呆在家里是不行的。"南希·韦克点了点头，她明白"N19"的意思，即使外面有很多德国人在寻找"白鼠"的踪迹，但自己并不能为了安全而躲避起来。她看了看"N19"，然后说道："就利用化妆术吧，我也要投入到招募当中，多一个人的解说，相信就会有更多人选择加入我们，一起抵抗德军。"

这个女人的坚毅和胆量让"N19"感到满意，似乎总有一种无形的力量在支撑着她，无论危险还是困难，都不曾看她害怕，此时"N19"不禁对她产生了一种敬畏之情。

无论是从年龄上，还是从思想上，这些招募的对象都应该是大学校园的学生。南希·韦克准备从他们的导师那里进行深入，从而宣传抵抗的思想，让一些热血青年都加入到这支队伍中，为国家奉献出自己的一份力量。第二天一早，"N19"就出门了，他要和上级联系，推荐一位思想激进的导师，以此为切入点，而南希·韦克则按照他的嘱咐，在家装扮自己。

为了任务可以快速且圆满地完成，南希·韦克把自己装扮成了另外一个人，是谁都没有关系，只要不是"白鼠"，就会减少很多麻烦。南希·韦克收起了自己的美丽，尽量让身上的一切都显得平凡一些，包括脸蛋。临近中午的时候，"N19"从外面走了进来，看他的表情，事情应该办得不错。果不其然，他告诉南希·韦克，明天就可以举行一次小型讲演，让那些同学们知道抵抗活动的光荣和伟大，让更多人愿意加入进来。即使是在自己的国家组织抵抗活动，他们也不敢有太大动静，因为这可能遭到德国间谍的破坏，连累一些无辜的人。

这次小型招募活动是在夜间举行的，一切都被安排得非常隐秘。南希·韦克对自己进行了特别装扮，在训练营里的生活，使她对化妆术轻车熟路，很快，她就把自己打扮成了一位中年妇女的模样。一旁的"N19"也没有闲着，出于安全考虑，他也进行了乔装打扮，可是这回他没有扮成女人，而是一位看起来非常有知识的男子。

招募是这次任务的必经之路，也是最重要的一步，为了达到预期效果，南希·韦克还特意准备了一些书面材料，当然这些都是非常机密的文件，在这次活动结束以后，就要立即销毁。

在当时的社会环境下，很多人都有着为国家贡献一份力量的冲动，只是很多人都找不到正确的方式。当南希·韦克与"N19"主动找到他们的时候,立刻引起了共鸣,这些进步青年非常愿意加入抵挡队伍中来。这让南希·韦克和"N19"感到非常兴奋,战争需要他们。

在这个过程中,没有人知道负责招募的两个人就是著名间谍"白鼠"与"N19",甚至在以后的很长时间里,这些人也不知道这么著名的间谍就在身边。招募活动持续了一个小时左右才结束,结果令两个人都非常高兴,共招募了30多名学生,他们愿意为战争付出所有,甚至生命。

仅仅依靠学生的力量是不够的,毕竟他们一直在接受教育,提到打仗,他们并不擅长。另外,学生们的思想比较激进,血气方刚的年纪比较容易冲动,这对以后的任务很不利。为了达到更好的效果,保证任务顺利完成,还要找到更多的人。这些活动看起来简单,实则不然,德国间谍也可以像南希·韦克与"N19"一样,假扮成其他人来参加这次活动,从而打入他们内部,获取准确可靠的消息送往前线。于是,他们对每一个招募来的人进行了严格的审查,一旦发现异常情况,就要拒绝这个人加入或者找一些无足轻重的任务让他们做。

很多天的努力终于有了收获,南希·韦克与"N19"发展了一支近30人的抵抗力量,他们都是经过严格审查通过的。在这些人里,不但有学生,还有工人、百姓、医生等,虽然他们非常优秀,整支队伍也十分协调,但是南希·韦克觉得还应该对他们进行培养,以达到更好的效果。于是,一有合适的时间,她就会对这些人进行分批培训,就像她在训练营里的培训一样,她不但让他们会打仗,还要让其懂得如何成为一名好间谍。

"N19"主要负责打探新消息,为这支队伍找到发挥作用的机会。一天下午,"N19"在一街边的咖啡店里闲坐,对面两个人的对话忽然引起了他的注意。二人的穿着很普通,看起来都是平民,可是他们的谈话却让"N19"

非常震惊。

其中稍瘦一点的男子对自己的同伴说道："你知道吗？我昨天去走访亲戚，回来得有些晚，路过城东那条小河时，隐约看到很多人在搬运东西。赶上这动荡的时期，万事都要小心，所以当时我立即躲到了草丛里，没想到等我仔细一看，那副场景可真是吓了我一跳。"

"怎么了？怎么了？"你快说啊。一旁的人耐不住性子，想快点知道事情的结果。

那个人故作神秘，压低了自己的声音，"N19"只能听到一些断断续续的词语，当他听到"很多人、大量武器"等字眼的时候，立即向前倾了倾身子，想听清他们的具体谈话内容，可是由于声音太小，致使"N19"还是没能听清。

单单凭这几个关键字，"N19"就知道这绝不是一件简单的事情，它很可能关系到战局发展。如果想弄明白它到底是怎么回事，还需要自己亲自去一趟才行。"N19"立即回去把这件事情告诉了南希·韦克，这个发现也让她非常惊讶，无论怎样，都需要亲自去查看一下。当晚，两个人就换上衣服，带好武器，直奔城东的那条小河。

月亮挂在空中，散发着惨淡的光芒，夜晚的冷风吹过两个人的身体，带来了一股寒意。他们裹紧大衣，加紧了前行的步伐。远远的，就可以看到点点光亮，忽明忽暗，这既像水面反射的月光，又像是赶路人手中的手电。在不确定的情况下，他们不敢妄下结论，只好继续向前走。越靠近那些亮点，似乎危险就越是临近，两个人的脚步没有因此而有丝毫的退缩，他们仍向那些光亮前进。

在距离大约 100 米的时候，南希·韦克与"N19"终于看清光亮是什么了，那是手电筒，而这里绝不是几个人那样简单，从脚步声和嘈杂的讨论声中可以辨认,有很多人。

借着摇摆不定的手电筒亮光,他们看到这些人在抬一个个木箱子,看样子很重。身为间谍的他们一看就认出来,这可能是装武器和弹药的木箱,如果想得到准确答案,还需要进一步印证。"N19"和南希·韦克趴在草丛中一动也不敢动,仔细观察这些人的每一个动作,听他们讲的每一句话。这是一个危险的时刻,如果被发现,后果将不堪设想。

几分钟后,有了新的发现,一个瘦弱的士兵把其中一个木箱打翻在地,借着微弱的月光和手电筒的光亮,他们看到地上的是一些枪支和弹药。接着,负责监督的头目非常生气,对士兵大骂,使用的是德语。

寂静的夜里,声音清晰地传入到了南希·韦克与"N19"的耳朵里,两个人互相看了一眼对方,都明白了各自的意思。"N19"还小声的对南希·韦克说道:"我们真是心有灵犀啊!"月光下,他的脸上依旧挂着那无所谓的表情,即使是在这种危险时刻,"N19"也改不掉他的玩世不恭。南希·韦克没有理会他,事情已经弄清楚了,继续呆在这里只能让他们更早暴露,所以她拉着"N19"悄悄向后退,离开了这里。

这个发现对他们的意义太大了,德军正在建造自己的武器弹药库,为战争积蓄力量,而他们只是招募了一些抵抗力量,这和敌人的弹药比起来,要小许多。想到这里,南希·韦克与"N19"不由得都想到了建立一个法国的秘密弹药武器库,来与敌人相抗衡,可是这些弹药与武器都要从哪里来呢?

房间里面静悄悄的,两个人都陷入了沉默,他们都在思考这件事情的解决办法。忽然,两个人相视一笑,有了一个共同的计划,那就是用德军的弹药和武器来填补法军的空缺。虽然这个办法非常危险,但这确是唯一的选择。在战争中,武器和士兵都是非常重要的因素,只有凭借这些条件,才会有取胜的可能。德军不会轻视这个弹药库,相反,他们会严格把守它,以防止法国破坏。要想接近这里,并且从这儿运走大量武器与弹药是非常困难的一件事情,同时也伴有很大的风险。

战局就是命令,要想打击当地德军的武器和人员,使法军取得胜利,就必须要建立自己的抵抗队伍,获得充足的武器装备,在战争中取得主动权。这是一条必经之路,如果自己来筹集武器与弹药,那将非常困难,只有从敌人的手里取得大量的武器、装备才是最好的选择。前路的危险两个人当然心知肚明,但是在这样的局势下,他们来不及考虑自身。在最后一场战役打响之前,一定要削弱德军的抵抗力量。

时间紧迫,任务艰巨,南希·韦克与"N19"立即坐下来商量这次任务的行动方案。"N19"的脸上还是挂着那种淡淡的微笑,嘴里叼着一支香烟,手在把玩一个打火机。南希·韦克渐渐习惯了他这副样子,虽然很多时候他都装作什么也不在乎,其实他心里还是很担心的,只是不喜欢表现出来罢了。

"恐怕这一次我们要冒险了。"南希·韦克打破了沉默。

"你是说去抢?小姐,你的胆子可真大啊,我们才有多少人!?"

"不,我说的不是抢,是偷。"

"美丽的小姐,你在开玩笑吧!你以为是什么,我们面对的可是众多的弹药和武器,怎么从那么多人面前偷出来?"

"办法总会有的。"其实此刻的南希·韦克也没有想到一个好方法,而她所考虑的只是不能放过这个好机会,一定要把那些武器装备夺过来。"N19"没有说话,仿佛在等待南希·韦克的答案。

"我可以偷偷混进去,然后把那里的德军迷晕,你负责带领咱们的抵抗队伍占领那个山洞,把所有的武器装备被变成我们的,也包括那个山洞。"南希·韦克说出了自己的想法,虽然它很危险,但却值得试一试。

"你这样做会很危险,你是个女人,虽然你可以乔装打扮,但这也很容易让德军发现,要是去,也是我去。"

这番谈话让南希·韦克有些感动,从自己踏入间谍行业的那一刻起,自己就变得独立起来,哪怕是面临险境,也要一个人去面对。当她听到"N19"的关心时,南希·韦克很感动,无论是出于朋友的爱护还是队友的关心,都让她的内心感到很温暖。

"那好吧!战局让我们不能耽搁太长时间,明天我还会再去了解一下情况,你在这好好休整一下。"南希·韦克抬头看了看他,"N19"向南希·韦克点了点头。

为了确保任务顺利完成,"N19"必须安全,南希·韦克不得不认真对待这次"踩点"行动。第二天一早,南希·韦克对自己进行了装扮,换上了一套粗布衣服,看起来就像是一个 50 多岁的村妇。

柔和的阳光洒在南希·韦克的脸上,温暖、惬意,可是她没有时间,也没有心情享受这一切。迎着朝阳,南希·韦克向城东走去。

在间谍培训时期,南希·韦克对记忆力进行过特殊的训练,记忆力对每一次任务的顺利完成都非常重要。很多时候,没有条件把一些重要内容记在纸上,所以他们要依靠一些工具,其中包括窃听器、微型照相机等。但是除了一些辅助工具以外,良好的记忆力也是非常重要的。为了避免引起怀疑,这次南希·韦克并没有依靠任何辅助工具,她要凭自己的记忆力来完成这项任务。

每走一步,南希·韦克都记下自己所走的路线,当靠近那个山洞的时候,她的心越发紧张起来。这是一条偏僻的路,平时的行人很少,当南希·韦克一个人走在这条路上时,显得有些突兀。如果让德军发现自己的目的,那恐怕死在这里都不会有人知道。

越是紧张的时刻就越需要淡定,这不是南希·韦克第一次执行任务了,但是在面对危险的时候，她还是本能的感到恐惧。

山谷里静悄悄的，偶尔传来一阵鸟儿哀鸣的声音，冰冷的河水散发着惨淡的光芒。南希·韦克装作若无其事的样子经过这里，但眼睛的余光却在不停捕捉重要信息。昨晚天色太暗，南希·韦克并没有看清这里的情景，今天一看，南希·韦克竟然找不到那个德军秘密的弹药武器库的入口了。此突发情况让她感到很惊讶，也有些慌乱。不能贸然去找，一旦让德军发现，后果不堪设想。

南希·韦克努力让自己的心平复下来，她改变了自己的行走路线，顺着小路绕过了那个山坡。还是一样安静，难道真的不在这？难道无人看守？一瞬间，很多问题涌入到了南希·韦克的脑海中。每走一步都是一次心灵上的逾越，绕过那个小山坡，透过浓密的草丛，南希·韦克隐约间看到了一个山洞，从草丛上践踏的痕迹可以看出，这里就是德军的秘密弹药武器库入口。

南希·韦克的心中充满了激动，虽然还有很多问题没有解决，但是她不能继续留在这里，必须保持原定的轨迹才不会遭到怀疑。

还没有走出去 200 米，南希·韦克就看到远处走来一个人，手里拿着一个大包。他虽然没有穿军装，但是南希·韦克根据他走路的姿势和外表推断，这个人很可能就是从山洞里走出来的德军，是负责看守这个秘密武器弹药基地的。

行动还没有开始，南希·韦克不能让自己的鲁莽引起敌人的警觉，不能对那个德国兵采取武力。但是对方不会按着自己的想法行动，如果他有所怀疑，那么，就只能见机行事了。

随着一点点靠近，南希·韦克的心也越来越紧张，可是她不能表现在脸上，越是紧张就越容易暴露。只有几十米的距离却好像走了很久，士兵看起来很着急，只是盯着南希·韦克看了一会儿，但并没有阻拦她。

二战谍雄

她的心狂跳不止，濒临死亡的感觉使人窒息。士兵走过那一刻，南希·韦克闻到了菜香，想必他是出去采购食物了，并且在他的腰间看到了一个枪杆，他的确是一名士兵。这是一个重要线索，"N19"可以利用这个有利条件，混入到德军内部。

不知辗转了多少个地方，南希·韦克终于回到了住所，她把自己所看到的和经历的都告诉给了"N19"。大约沉默了一分钟以后，"N19"终于说话了，"我现在就去准备，明天这个时候，那个武器弹药库就会变成我们的。"他的语气很坚定，南希·韦克却显得有些茫然，莫非他已经想好了计划？

"你想怎么做？"

"明天你要把我化装成那位士兵的模样，然后我替代那位士兵去给山洞里的人送饭，到时候迷晕他们，我会在洞口向你们挥手示意，你就负责带领我们的抵抗队伍进入山洞，把他们一网打尽。"

"这样做很危险，一旦被他们发现，你很可能会受到伤害，并且我还不能肯定明天还是那位士兵出来送饭。"

"现在时间紧迫，我们只有试一试了，如果有什么改变，到时候再做商议！"

"不要总是这样，你要注意安全，这可不是开玩笑的时候。"

"放心吧！相信我的实力……"

他又收起了认真的态度，开始滔滔不绝地吹嘘自己以前的功绩，南希·韦克不想再听了，她开始为"N19"准备明天需要的衣物。

清早，南希·韦克就集合了刚刚组建的那支抵抗队伍，和他们讲清楚了整个行动计划。这是他们执行的第一个任务，每个人显得都很紧张，南希·韦克一边要安抚队员的心理，一边又要提醒"N19"多加小心。

德军的武器弹药库太偏僻，行动又是在白天，如果这些人都出现在那条小路上,必定会引起怀疑,所以南希·韦克只是先选了几位优秀队员参加行动。

"N19"也已经做好了准备,他和南希·韦克几个人一同走到了城东那条小河旁,"N19"记下了山洞的位置,然后一行人就偷偷隐藏在了旁边的草丛里。

此时一点点的风吹草动都会引起敌人怀疑,所以无论遇到怎样的突发状况,都得纹丝不动。4月份的天气还不是很暖和,地上有些冰冷,南希·韦克等人就趴在地上大约一个小时,他们的身体都有些僵硬了,但还是依照命令,纹丝不动。他们直直盯着洞口的方向,连眼睛都不敢眨一下。

在久久的等待以后,洞口附近的草丛开始动了起来,不过这个人并没有马上出来,而是观望了很久,看上去非常谨慎。无声的较量在此时拉开帷幕,南希·韦克趴在草丛里,连呼吸都显得有些拘谨。那位士兵并没有发现埋伏在这里的人,不一会儿,他就走了出来。

当看清他的样子以后,南希·韦克向"N19"点了点头,表示这个人就是昨天出来采购食物的士兵,而此时"N19"的脸上依旧挂着那种无所谓的表情。一个人深入到敌人内部,危险性可想而知,如果他总是这种不严谨的态度,那会很危险。这还是两个人第一次出来执行任务,南希·韦克不免有些担心,但是现在已经没有时间让她再去考虑,"N19"已经准备行动了。

士兵很快就来到了"N19"的面前,他根本没有在意草丛后面还有人守候。一刻不能迟疑,"N19"一个箭步就冲了出来,那位士兵还没有弄清怎么回事,就被"N19"打晕了,南希·韦克等几个人立即把他拖到了旁边的草丛中。

"N19"迅速换上了那位士兵的衣服,又在脸部化了一点妆,冷眼看去,真的和这个人有点像,但如果仔细端详,还是能看出很多破绽。一种不祥的预感笼罩着南希·韦克的内心,她忽然很担心自己的这个队友,而"N19"仿佛看出了她的心思,一直用他那独特的笑容来回应南希·韦克。

已经过去 10 多分钟了,应该到了那位士兵返回的时间,"N19"拿起事先准备好的食物向洞口走去。看着他坚定的步伐,南希·韦克只好在心中暗暗祈祷,他可以平安地完成这项任务。

等待是个漫长的过程,此时的每一分钟都像是在煎熬,南希·韦克一直望着洞口,生怕错过"N19"的暗号。

面临死亡,"N19"又何尝不恐惧,但是他并不能表现出来,越是拘谨就越容易让对方提早发现。所以他要装作若无其事的样子,充分利用这短暂的时间,把迷药撒开,到时候即使自己的身份暴露,他们也没有回击的能力了。

这个山洞要比他们想象的大很多,由于比较封闭,里面并没有阳光。乍一进去,"N19"感到眼前一片漆黑,可是此时的他并没有乱了方寸,而是偷偷地撒下迷药。刚走两步,"N19"就发现了两个负责守卫的士兵,他们一见有人进来,立即端起了手枪,用德语问道:"是谁?"

早有准备的"N19"用德语回应了他们:"我是负责送饭的。"

肚子早已饥饿的士兵一听到他是送饭的都很高兴,立即奔向"N19"的包裹,根本没有心思去观察"N19"。待他们拿完吃的以后,"N19"立即拿起剩余的吃的向山洞的深处走去。此时迷药已在空气中弥漫,还没等"N19"走几步,两个士兵已经被迷晕倒地。

在山洞的深处,还有将近 20 名士兵,他们围绕的是一个个木质箱子,想必里面就是武器与弹药。"N19"并没有迟疑,大方地向他们走去,并招呼他们过来吃饭。表面淡定的他,内心却是七上八下。一分钟过去了,两分钟过去了,迷药蔓延开来,这些德军都被迷倒在地。"N19"试图叫醒他们,却没有得到回应。他立即跑到山洞口，向南希·韦克所在的地方挥手示意。

眼睛紧紧盯着门口的南希·韦克第一时间发现了"N19"的信号，她立即吩咐其中一名队员发出信号，让事先准备好的车辆来拉武器，而自己则带着其余几名队员冲进山洞。

"N19"与南希·韦克走在前面，其余的人跟在后面。让大家始料未及的是，门口的一位德军还没有完全失去意识，他见有人进来，立即冲门口开了一枪。子弹冲着南希·韦克飞过来，她还没来得及反应，但是一旁的"N19"注意到了这个变化，立即把南希·韦克推到了一边。旁边的队员立即向那位士兵开了几枪，虽然那位德军被打死了，但是随着几声清脆的枪响，"N19"也应声倒下，鲜血很快就染红了他的胸膛。

这一切发生得太快了，在看到鲜血的那一刻，南希·韦克才意识到发生了什么。虽然以前她也经历过战争，看到无数次鲜血，但是当搭档为了救自己而倒在地上的时候，她真的被吓到了。南希·韦克跪在地上，捂着"N19"的胸膛，想阻止鲜血流出来，却于事无补。呼唤、哭泣都不能解决问题，南希·韦克有些手足无措。此时"N19"的脸上还是洋溢着他特有的笑容，依旧是那副玩世不恭的模样，但是当搭档面临危险的时候，他却毫不犹豫地挡在了前面。

"快去拿武器与弹药。"这是"N19"留下的最后一句话。为了国家和正义，他付出了最宝贵的生命，而到最后，他连真实姓名也没有留下。

南希·韦克明白现在并不是替"N19"感到惋惜的时候，她要替他继续这项任务，只有圆满完成才能对得起战友的牺牲。她立即带领队员进入山洞内部，击毙了正在昏迷中的德军，并且把里面的弹药立即运到在外等候的车上，然后带着"N19"的尸体离开了。

虽然这次任务圆满地完成了，南希·韦克带领自己招募的抵抗队伍建

二战谍雄

117

立了秘密弹药武器库,给此地的德军抵抗力量以沉重打击,但是她又一次失去了一位亲密的战友。在以后的很长时间里,南希·韦克依旧能想起"N19"的笑容和神情,这样一个玩世不恭的人却在最关键的时刻把最宝贵生命献给了队友,南希·韦克将用一生来怀念这位亲密的朋友。

二战的硝烟终于散去,不计其数的人在这场浩劫中付出了生命。尽管南希·韦克的故事已经随着战争的结束落下了帷幕,但是她向世人传递的精神和情感却永远不会消散,她为反法西斯战争的胜利所做的贡献仿佛天上璀璨的群星,永远闪烁着光芒。

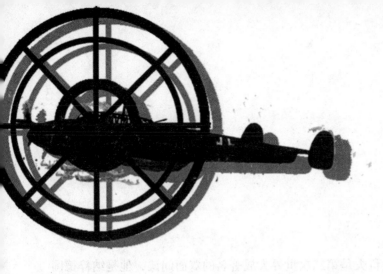

雅科夫·米契科夫

雅科夫·米契科夫是第二次世界大战著名的双面间谍，他是纳粹德国最信任的间谍之一，是"元首的最好特工"；同时，他又是英国军情六处成功插入敌人心脏的一把利刃，丘吉尔重用的"英国最重要的间谍"；他还有个绰号叫作"花花公子双重谍"，因为他本身就是一个玉树临风、风流倜傥、魅力无法挡的翩翩公子。

雅科夫·米契科夫 1912 年生于南斯拉夫富商之家，1981 年在法国南部的奥比去世，走完了 69 年的人生之路。他于 1940 年至 1944 年受雇于英国军情六处，成功打入纳粹德国反间谍机关阿勃韦尔，为盟军的胜利做出巨大贡献。

间谍风采

巨雷低吼着在云层中滚过,闪电撕裂层层乌云闪耀天际,暴风雨来临前那股压抑的气息铺天盖地地压来,让人喘不过气,白昼阴沉得像夜。这时弗赖堡大学法律系大三的学生米契科夫走进奥斯兰人俱乐部,他想要畅快地打一场桌球,舒缓几天下来的压抑。

今年不知怎么了,身边的同学在政治上分成了两派,一派受了纳粹的蛊惑,整天叫嚣着复仇;另一派保持着理智,抵受住了荒谬的宣传,但是却无法拉住身边中毒已深的昔日好友。

两派人经常有小动口角,冷嘲热讽,进而破口大骂,乃至大打出手。米契科夫劝架劝得自己都想打架了,再不舒缓一下情绪,下次再有人打架,他恐怕也要冲上去了。

没想到在俱乐部这样的地方也能看见类似的场面,两个带着校徽的青年正在那边争执得面红耳赤。那个小个子的褐色卷发都快气直了,灰色的眼睛里放射着愤怒的光芒,白皙的面庞因为激动而涨得通红,脸上的几粒雀斑都好像涨大了几分。

他的声音不由自主地提高了好几分贝,全俱乐部的人都听得清清楚楚"好!算我这些年白认识了你,约翰尼·杰伯逊!你这个英法的代理、走狗,有本事我们战场上一较高下,我懒得跟你争辩,哼!"

米契科夫心底怀有强烈的反纳粹情绪,见状心里首先偏向那个叫约翰尼·杰伯逊的英俊青年,他看到约翰尼已经握紧的拳头攥得更紧了,手背上

二战谍雄

关节处像鼓起了四个小白包,额头上青筋都爆了出来,朋友的不可理喻和愚昧无知让他忍无可忍了。

最近校园里的旧友断交场面太多了,米契科夫知道真打起来就不是他们两个人的事了,刚才那个小雀斑脸嗓门那么高,所有人都知道他们为什么争吵,万一又演变成群殴,自己就打不成桌球了。

凭着这几天劝架的经验,米契科夫迅速分开两人,分别给这两个不断升温的大脑降温,让那沸腾的热血平静下去。劝架的关键是不能拉偏架,否则劝的人也得搅进去,但是事后米契科夫拉住了那个叫约翰尼的同学。

米契科夫已经知道他叫什么名字了,就先自我介绍了,还劝他不必把这点小事放在心上,那个"小雀斑"就是年轻气盛、不辨是非又没心机的小孩,等他长大了就知道现在他执着的事情是多么蠢了。

约翰尼看着眼前英俊的青年,他跟自己个头差不多高,看着有点文弱,可是那双眼睛一直闪现着智慧的光芒,浑身有种说不出的力量,尤其是脸上永远挂着迷人的微笑,看着心里暖洋洋的,虽然不会自惭形秽,还是不禁觉得:他这个样子一定很讨女孩子喜欢吧,不知道她看了会不会喜欢?

听他谈吐,条理清晰,见解独到,直指人心,可见不是金玉其外,败絮其中的人,虽然没直接说出自己的立场,但是他说罗伯特是被人蛊惑了所以才不可理喻的,可见他对那些歪理邪说是以理智判断的,心中自有主张,此人值得交往。

约翰尼心里的罗伯特想来就是米契科夫一直在心里唤作"小雀斑"的青年的真名了。

米契科夫也在近处仔细观察着约翰尼,暗想道:他可真是个小心的家伙,明明看到自己释放善意了,还是盯着自己的眼睛,一个眼神都不错漏,确认对方是真心的,才伸出手,握手的时候,用力一握,没再摇动,眼里的意思是信任,这家伙挺有意思,要是不认可,握个手都难,一旦认可了,这辈子恐怕都不变了。

想到这里,米契科夫又暗暗皱了皱眉:他本来长得也挺帅的,可是这张脸,千年不变,跟个冰山似的,哪个女孩敢亲近啊,今后要是跟他形影不离,泡妞的数量都得直线下降了。反正米契科夫也不在乎数量,为了一个知己,这点损失算不了什么。

喜新厌旧不是交友的好方式,但是这次好像是个例外。约翰尼跟他从前的好友不欢而散,但是却结识了米契科夫这个新朋友,三言两语就聊得就为投契,而且日后两人的友谊堪称刎颈之交。

他们在一起无话不谈,畅所欲言。两人纵论当前国际形势,对人类前途忧心忡忡:希特勒正在使德国纳粹化,实行法西斯独裁统治,他的极端种族主义、民族沙文主义还有向世界复仇的思想都极其危险。而他对进步人士及犹太人的迫害,率先撕毁凡尔赛和约,大肆扩充军备,种种迹象表明,他已经按捺不住准备发动侵略战争了。

米契科夫和约翰尼一致认为,战争并不能解决问题,只会把人类拖入痛苦的深渊,可是大战似乎已不可避免,法西斯吞并世界的野心一日不死,人们头上就一直悬着一把利刃,随时掉下来伤人。

看来德国法西斯的志气不小,目标是在全世界称霸,但是不可能全世界都甘心臣服于法西斯统治,他们没有退路,只能背水一战。既然如此,晚战不如早战,趁他们立足未稳,把他们连根拔除,还能减少战火波及的范围。

可惜事与愿违,欧洲大陆上各国家都在忍让,保持沉默。"沉默呵,沉默呵! 不在沉默中爆发,就在沉默中灭亡。"

是非之地,久留无益。米契科夫回到自己的祖国南斯拉夫,当了一名律师,一面保存自己,一面找机会为反法西斯事业做事。一晃一年多过去了,他处事公允,在当地的名声不错,可是失去了好朋友约翰尼的消息。

圣诞节是一年中最重要的节日,所有在外忙碌的西方人都会在这时风尘仆仆地赶回家乡,和家人团聚,一家人在圣诞树下共进丰盛的晚餐,饭后围坐在温暖的壁炉边,说笑弹唱,共叙天伦之乐。

有条件的人家还会广邀亲朋,举行一个别开生面的化装舞会,通宵达旦地狂歌痛饮、翩翩起舞,共庆这个祥和而狂欢的幸福节日。当然这个大型舞会需要一个广阔的空间,一般人家只是聚在一起吃个团圆饭。而米契科夫家虽然不是南斯拉夫首富,但也是家境殷实。

从12月一直到次年2月,米契科夫家里每晚都有盛宴和化妆舞会,高朋满座,座无虚席。他从小就喜欢过圣诞节,从圣诞树安放在家中那天起,他就和哥哥一起给圣诞树挂铃铛和小礼物,准备圣诞帽和袜子,每天收集从各处弄来的糖果和坚果,互换自己没有的小礼物。

长大之后,他则在美酒佳人之中如鱼得水,在这一年中最欢乐的时刻及时行乐。即使1940年也不例外,欢宴持续了近两个月,米契科夫仍然乐此不疲,每天邀请不同的美女来家欢聚。可是有一天,他竟然没出现在家里的舞会上。

半城名媛淑女还在楼上楼下翘首以盼、张网以待,等候着心目中的那个白马王子上前来邀请自己共赴舞池,顺便试试运气看能不能网罗雅科夫少爷的欢心。先前还互相防着的人渐渐凑到一起,小声议论着,雅科夫少爷怎么还没现身,不会被哪个女人捷足先登了吧?

南斯拉夫米契科夫家里除了雅科夫·米契科夫,还有他哥哥伊沃·米契科夫,熟悉他们家的人在家里分别称呼他们为雅科夫少爷和伊沃少爷。

舞会是米契科夫的最爱。就算米契科夫每天到场跳舞,也不可能把在

二战浪漫曲

座的每位小姐都邀请个遍，所以能跟他一起跳舞的还是少数。而且，这些美女谁也不愿错过与他亲密接触的机会，每天都盛装出席，盼望能打动他。

狼多肉少，所以各位美女之间才会有点龃龉。现在米契科夫不见了，她们才暂时抛开个人恩怨，讨论他的去向。还有，雅科夫少爷一向对舞会乐此不疲，突然消失无踪了，很可能是名草有主了，也不禁猜测今晚究竟"佳人谁属"。

米契科夫竟然抛下满堂宾客，还有一地破碎的少女之心，究竟去了哪里呢？这一切要从一封电报说起。

这天上午，米契科夫家的老管家包席德送来一封电报，米契科夫在节日里从不处理公事，懒洋洋地问道："包伯，是哪里来的电报？要是普通的圣诞贺电，就替我回了吧。"他现在正埋首被底，养精蓄锐，准备今晚再战江湖。

包席德从小照看米契科夫，知道小少爷的脾气，也心疼他昨晚跳舞跳得太晚了，就说："什么事也不能耽误了少爷休息啊。老仆看没什么大事，就是柏林那边有人想见你。"

"嗯？"先是一声闷闷的疑问，只见被子掀翻了一片，米契科夫从他那张豪华大床上坐起身，问道："是谁要见我？"

"署名是约翰尼，没说什么事。"包席德答道。

"啊！是他。"米契科夫跳下床来，一把夺过电报，细细看了起来，包席德连忙下去给他准备早餐。

"急需见你，建议 2 月 8 日在贝尔格莱德塞尔维亚大饭店见面。你的挚友约翰尼·杰伯逊。"看完电报，米契科夫抑制不住激动，终于有消息了，一年多了，这家伙终于肯联系我了。

一年多的分别，没有造成多少隔阂，肝胆相照的好朋友，就算分别十年、二十年，还是一样亲密无间吧。不过米契科夫还是不禁有些好奇，究竟有什么事这么十万火急，急如星火。

米契科夫抛下美人宴会，毫不迟疑地踏上了去贝尔格莱德的旅途。单枪匹马，不顾路面凹凸不平、颠簸崎岖，坑坑洼洼，还是奋勇向前，任凭车后面扬起漫天烟尘。

到了约定的时间，米契科夫赶到了贝尔格莱德塞尔维亚大饭店，约翰尼早已经到了，他看起来忧心忡忡，双眉紧蹙，大口大口地吞云吐雾，手边放着两瓶白兰地，烟雾缭绕中只见他酒到杯干，时不时被烟或酒呛得大声咳嗽起来。

二战浪漫曲

第一次见到约翰尼这个样子的米契科夫心情沉重起来，他知道自己朋友的本事，要是有什么一般难办的事情，约翰尼是不会愁成这样子的。他上前拍了拍约翰尼的肩膀，并在这位好朋友的身边坐下。

拿过白兰地给自己倒了一杯，米契科夫抿了一口，心里惊叫：天哪，竟然是双份加纯的白兰地；又拿过一根烟，慢慢点燃，吸了一口，还好，是普通的卷烟。他在约翰尼的背上轻轻抚摸着，说道："我的朋友，放心吧，无论是多么难办的事情，只要我们兄弟联手，就没有办不了的。我一定会无条件站在你这边，全力支持你的，好了，把事情说出来，别愁坏了身子。"

约翰尼见到米契科夫赶来，心中大喜，无论最后他肯不肯帮忙，自己的满腹心事和万缕愁思总算有人可诉说。

约翰尼满腹的烦恼就像火山喷发了一样，抓住米契科夫的手，没头没脑地说起来。"雅科夫啊，你走后这一年多来，德国是大变样了，希特勒正在把德国人培养成傻子，他还驯养了那么多比狼犬还敏感的间谍，在这些鹰犬的帮助下，他真有可能统一全世界的呀！"

说完后，隔了一会儿，他盯着看米契科夫的脸色，还是那么平静，他真诚地说："老朋友，现在我急切地需要你的帮助，而且需要立即行动。只有你能帮助我，告诉我，你会帮助我吗？"

米契科夫平静地听完说道："我的朋友，尽管我们分别经年，但你应该知道，我们的友谊就像一坛陈年佳酿，是不会随着岁月流逝而淡化的，反而因为时间推移，滋味更加醇厚，我们的感情也是更加深厚了。

"即使相隔天涯，我对你只有思念。现在，你有困难找我帮忙，我开心极了，当然会竭尽所能帮助你；相反，如果你有困难，我明明可以帮到你，你却偏偏不来找我，那样我才真心痛了。"

约翰尼听完，大为感动，说道："没错，朋友，我跟你的感觉是一样的，从我们第一次相见，我就觉得你会是我一辈子的朋友。不管未来怎样，你我境遇如何，只要能够帮助到你，我会毫不犹豫地去做。"

他们都不是随便说说，这是一辈子的承诺，米契科夫后来在阿勃韦尔几次遇险，都是约翰尼出于他们之间崇高的友谊，出手相救，最后才化险为夷，他们后来配合默契，几度出生入死。也许，早在当年弗赖堡大学俱乐部的初识就已经奠定了他们合作一生的基础。

米契科夫推心置腹地说道："好了，我的心意你已明白，到底有什么事，你可以说了吧？"

约翰尼这才放心地说："是这样的，有 5 艘德国船舰被封锁在了特里斯特，而其中的一条就是我的，我已经搞到了许可证，想把它卖给哪个中立国家。"

米契科夫心里马上想到：哪个中立国家愿意购买这些船呀？再说英法完全可以拒绝承认许可证，然后扣下这些船。看来只有利用我的社会关系，说不定还可以办成。

想到这，他问到："你想过有哪个中立国家肯买这些船吗？还有，万一英法拒绝承认你的许可证,或者他们抢先下手已经扣下这些船怎么办?"

约翰尼不禁在心中感叹这位知己考虑问题如此全面。他答道:"我找你来真是找对人了,你正说中我心中的忧虑。我就是求你利用你的社会关系,去帮我做成这笔生意,而且还绝对不能引起别人的怀疑。"

一听到"不能引起别人的怀疑"这句,米契科夫神情恍惚,心想:怎么像是纳粹间谍利用我的好朋友来策动我去当间谍呢?虽然他心中略有疑虑,但还是毫不犹豫地就答应了好友的请求,而且觉得这件事好像正中下怀,此举甚合我意。

当时南斯拉夫是和纳粹德国亲善的中立国,米契科夫家又是在南斯拉夫有影响力的人家,他自己在当地的声望也不错,他正想着利用自己和家庭还有国家的地位为反法西斯事业做些自己力所能及的事情,而眼下这件事好像是个不错的契机。

在与约翰尼意见达成一致之后,米契科夫立即行动起来。他直接找到英国驻巴尔干国家的商务参赞斯德雷克,并对他说这是一个千载难逢的好机会:假借某个中立国的名义,幕后由英国操作,把那 5 艘商船弄到英国,表面上是让德国占了个便宜,实际上是英国得到实惠。

心里对那个幕后的德国间谍大肆嘲讽:任你奸似鬼,还不是喝了我的洗脚水。你以为假借我好朋友的手,就能打动我做你们罪恶的帮凶,做梦!想得美!

斯德雷克那方面也对这个计划大为赞赏,几天以后,报告到了伦敦,伦敦立即批准,并且汇来购买商船的资金。

约翰尼接到通知,大为震惊,没想到米契科夫办事这么有效率,他设法搞到的许可证还差一点必要文件,两周后,约翰尼从柏林带来所有的文件,通过米契科夫暗中牵线,英国在幕后操作,德国的货船易手他人。

独立完成这件事的米契科夫还不知道，他的表现令英国和德国的情报机关都大为欣赏，恨不能马上罗致麾下，他在无意之中已经开始迈出了他间谍生涯的第一步。

米契科夫家早已从圣诞节的喜庆气氛中渐渐过渡到正常的生活氛围了，家人也各自忙起了各自的事业。可是米契科夫还沉浸在无比欢快的感觉中，助人为快乐之本嘛。更主要的是有了约翰尼的消息。

约翰尼这次大赚了一笔钱，浑身舒畅，不好好庆祝一下都对不起自己这些日子来的提心吊胆。米契科夫也没想到第一次出手就帮到英国，长久以来的心愿终于得偿。两个好朋友因为各自的开心事凑到一起开怀畅饮，这次聚会有点庆贺的意思，只是庆贺的事情不宜张扬，所以是悄悄进行的。

两人好像又回到德国南部布雷斯高的弗赖堡的那段大学时光，那里的奥斯兰人俱乐部是他们无数次互诉衷肠的地方。酒过三巡，菜过五味，约翰尼和米契科夫开始推心置腹，他告诉米契科夫："老伙计，我不得不告诉你真相了，我现在其实是德国反间谍机关阿勃韦尔的人，上次请你帮忙不只是我个人的意思，还有我上司的示意。他对你的表现大为赞赏，希望跟你好好谈谈。"

米契科夫没想到自己为英国出谋划策，反倒教德国情报机关看中了，这也印证了中国的那句古话："有心栽花花不发，无心插柳柳成荫"。

突如其来的消息弄得米契科夫一愣，现在他没时间考虑一向反对纳粹的好朋友怎么成了德国间谍，一门心思只是在想怎么会叫德国间谍机关看中了他，紧张的心脏怦怦乱跳，他心里是厌恶纳粹的，可是他的朋友又何尝不是？一个人的初衷是那么容易就改变的吗？而且心里隐约觉得这是一个比上次购船事件更加难得的好机会。

现在，米契科夫思维有点混乱，可是心里却很清楚，他的朋友对自己的了解不在自己之下,有些事情是不必对他隐瞒的。他问道:"你们的老板是谁? 他为什么会选中我。"

约翰尼答道:"我们的大老板是威尔希姆·卡纳里斯,他的政治观点和哲学思想跟我们两个很相近,我在他面前极力推荐过你几次,他也问过几次你的情况,他对你都很满意。老头说过'他真像你说的那样可就是个谍报天才,一定能派上大用场,找个机会试一试。'我是不会害你的,知道这次的事情难不倒你,没想到你干得这么漂亮,比我想象中的还要好,你对我的建议还感兴趣吧?"

听说一个纳粹德国的高级间谍会跟自己的哲学思想表示认同,米契科夫心里只觉得好笑:那个老家伙不是对我的"及时行乐"和"今朝有酒今朝醉"的思想最认同吧?他问道:"我还不知道具体要干些什么呢?那些打枪放炮,投毒暗杀什么的事我可干不了!"

约翰尼也大感好笑,一年多不见,米契科夫怎么变得这么幽默了。"你见过哪个间谍是明火执仗地打枪放炮的? 再说一开始才不需要什么惊人之举,只要能搞到一些英法方面的小道消息就可以了,这些对你这样的上流社会精英来说就是小菜一碟。跟你混在一起的外交界和政界的人在一起经常会谈论这些事情,你只要装作感兴趣,他们会大发议论告诉你很多东西。"

米契科夫决定先答应下来,"那好吧,约翰尼,我是看在你的面上才答应帮你这个忙的。"

"好说,你为谁我管不着,你只要加入就行了,你现在就可以着手搜集情报了,至于再见面的时间和地点,我会通知你的,祝你好运,我的朋友。"说完,意味深长地看了米契科夫一眼。

这一眼大有深意:纳粹德国对击败英国信心十足,对英国派出大量情报人员，全面铺开间谍网。情报网也很快起了作用，有关英国防空、机场、军队、军备等各方面的情报像雪片一样铺天盖地发回德国总部。而德国人不知道的是：英国有个叫双十字委员会的极其隐秘的地方，是反间谍机关的电台所在地，那里有专门监控接收情报的电台，破译专家能够破译他们的信息。很快，德国派往英国的间谍大部分都被抓获了，小部分漏网之鱼，只能无限期的潜伏下去，稍有不慎就是灭顶之灾。

此举如秋风扫落叶，迅雷不及掩耳，英国反间谍机关粉碎了德国间谍机关的阴谋。英国出手时干净利落，德国措手不及，他们知道再往英国派间谍，就是灶口添柴，虎口送羊。德国急于在英国发展本土间谍，利用他们光明正大的合法身份作掩护，以及他们在本地的人脉关系获取英国内部准确、可靠的消息。

世事难料，德国人没想到的是：经过他们严密审查，可信度高的很多人选最后都成了更加可怕的双面间谍。不小心让孙悟空钻到铁扇公主的肚子里，还不如一开始就就真枪实弹地大干一场。可惜世上没有后悔药可买呀！

以米契科夫为例来说吧，阿勃韦尔驻里斯本的欧洲总头目，在指令约翰尼发展米契科夫的前一年就把米契科夫的身家背景，祖宗八代调查得一清二楚，甚至他星座血型、兴趣爱好也进行了反复研究确认，得出的结论是米契科夫是块天生的间谍材料！只可惜这个天才间谍心向英国，德国情报机关是引狼入室了。

这些波谲云诡的复杂形势，约翰尼都没跟他解释，所以米契科夫并不知道德国急于招募本土间谍到底为了什么，只是在告别约翰尼后，他又去找了英国使馆的商务参赞，把最近的情况向他一一叙述了一遍，并请他帮自己拿个主意。

这位叫斯德雷克的商务参赞是个典型的英国绅士，听完米契科夫的描述，矜持地笑笑，淡淡地说道："不错，这很有趣，继续与那帮家伙保持联系也许是个更好的方法。你所需要的情报我会负责的，到时候派人送给你。"

告别了斯德雷克老先生，米契科夫就去忙自己的事情了，过了半个月左右，约翰尼领来一位德国使馆官员，并对米契科夫介绍道："这位是门津格少校，我的顶头上司，他来是想跟你好好聊聊。"

门津格开门见山地说："我们在英国已经有了很多的情报人员，他们当中大部分是很称职的，还有小部分是很精明强干的。但是，我们还需要一些人，他们能到处通行无阻，并且交游广泛，可以打开很多一般人无法打开的门路，并且不受怀疑。而你可以帮我们很大的忙，我们也会十分慷慨地报答你，我们不会亏待忠心效命的有功人员的。有些情报不是马上可以搞到的，我们是不会一味催要情报，而不顾情报人员安全的。所有一切你都可以放心。"

米契科夫上次和斯德雷克见面已经定好了接受德国一切安排，所以丝毫没有犹豫，全部答应下来。旁边的约翰尼眼中闪过一丝赞许的神色，但这种目光一闪而逝，马上又换成先前平静无波的好像一切都事不关己的神情。

送走约翰尼和门津格，米契科夫又来到英国大使馆通报消息。这次他没见到老相识斯德雷克，一听他自报姓名，接待员就把他领到另一位英国老绅士面前。

此公是英国军事情报局六处驻巴尔干的头目，他对米契科夫说："年轻人，你可以叫我史巴雷迪斯先生，我们这行里，谁没几个名字呢？还有，你也要尽快地适应才行啊！"

米契科夫马上明白：这是个假名字，他能坦白说也算不见外了，于是心平气和地把刚刚发生的事情又向这位情报专家叙述了一次。

这位专业的情报官员见到米契科夫了然的神色，不疾不徐地说着和德国人见面的情况，说道关键处，语调依然平稳如常，既不急躁，又不拖沓，脸上既没有骄矜，也没有畏缩，心中不禁感叹，新一代的谍报巨星就要诞生了。听完米契科夫的报告，这位专业人士给出了自己的建议：

"你放心大胆地去为那些德国人'效力'去吧，要设法和他们搞好关系，在他们面前不要露出厌恶纳粹，或是同情被侵略的国家的神情，可以和他们的高层做深交，但是不要急着表现，让他们慢慢接受你、信任你。

"他们可能会把你派往某个中立国家，也可能就是伦敦，不要拒绝，只要求他们给你开展工作和做好旅途的准备时间。你可以透露给他们一个消息，你在伦敦有个朋友，是个懂行的外交官，他现在急需钱用，而且他有可能会帮到你，你们可以通过外交邮袋传递情报。"

米契科夫明白自己已经是个双面间谍了，当一个间谍还好隐藏身份，双重间谍在隐藏身份的同时，必须要执行双方的任务，这样就面临着被第三方、第四方甚至更多组织的怀疑，随时都可能遇到危险，而且最冤枉的事就是被自己的同路人当成敌人消灭了，冤死也不能说出来，那就更痛苦了。

尽管这是一条布满荆棘的道路，没有鲜花和掌声，胜利了不能庆祝，失败了不能解释，在职业冒险生涯中，随时都要付出沉重的代价，甚至是生命的代价，米契科夫还是义无反顾地上路了。

一天，约翰尼紧急约见米契科夫。他一个人找到指定的僻静咖啡馆，米契科夫见到约翰尼时，本想先开几句玩笑，可是见到约翰尼脸色铁青，失望愤怒兼而有之，米契科夫反倒不敢先说话了。

约翰尼单刀直入，从包里拿出一打文件，让米契科夫自己看。米契科夫疑惑地打量着约翰尼，约翰尼瞪了他一眼，还是示意让他先看文件。

米契科夫无法，只得低头看文件，这一看不要紧，霎时间他就如同整个人掉进了冰窖里,从头发丝凉到脚后跟。因为,这上面记载着这些天来,米契科夫所有行动的细节。

时间、地点、见了什么人、谈了什么,详细到他穿没穿礼服,带的是领带还是领结。最要命的是那个结论,说米契科夫大涮了德国人,拿着德国人的经费,却在为英国人服务。

"惨象,已使我目不忍视了;流言,犹使我耳不忍闻。"米契科夫无话可说,他还有什么可说的? 他已经出离愤怒了,要是让他抓到这个监视他的人,米契科夫能活吃了他。

约翰尼看到这份材料给米契科夫的震动已经很大了,就说道:"你先冷静下来,这份报告还没送到德国反间谍机关呢,我在德国军事情报局时截获的,如果报告不是被我恰巧截获,而是落到总部反间处那帮人手里,你就等着死无葬身之地吧,我想给你收尸都找不齐。不过,先说眼前,这个人是谁,必须除掉,不可能每次都这么幸运,我也不可能每天趴在机关里守株待兔。"

背叛! 这是赤裸裸的背叛! 如果不是身边的人,不可能记得这么详细。米契科夫对照文件记录仔细回忆身边的每一个人,每一个细节,怪只怪那人立功心切,这份报告打得太详细了,他的身影渐渐清晰了。

幕后的凶手终于浮出水面,米契科夫的心情并没有轻松,反而更沉重。自从他的宝马车坏了送修之后,是米契科夫父亲的司机,米契科夫家的老仆人包席德自告奋勇地每天接送他。从记录的详细的程度来看,包席德无疑是最大的嫌疑人。

有时谎言比真相更令人容易接受。包席德可是米契科夫家的老仆人了,从小看着他长大的,米契科夫小时候父亲忙着家族生意,很少有时间陪他玩,都是这个忠心耿耿的老仆人陪在他的身边。在他心里包席德和自己父亲没什么不同,甚至更亲厚,有着更多的记忆。

泪眼婆娑中,米契科夫想到自己小时候贪玩,趁着包席德给自己拿点心的空档,爬到院子里的大树上,包席德回来看见小少爷不见了那惊慌失措的神情,大叫着叫人来找。小米契科夫却在树上看着下面炸了锅的混乱场景嘿嘿而笑。

包席德就在下面又哄又求,小米契科夫下来时失手一滑,直接掉下来。是包席德突然一个飞身扑过来,一把接住小米契科夫,却被他的金扣子划得双手鲜血直流。可是他却紧紧抱着小米契科夫的身子哽咽着叫道:"小少爷平安无事了!"说完泣不成声。米契科夫每次想起都忍不住流泪。

成长的背后有包席德的身影陪他:他小时候骑的木马,是包席德定做的,全城最漂亮的小木马;后来,他 10 岁骑的小马驹,是包席德亲自挑选的脾气最温顺的小母马;他十五岁学开车,是包席德亲手教他握方向盘、踩油门、踩刹车。

从记事起,包席德就在身边照顾和保护他,从未做过出格的事,他不愿意接受这个在心中犹如父亲一样的人出卖了自己,如果这是真的,他不知该怎么办,此时,无助感涌上心头。

约翰尼看着米契科夫陷入痛苦之中,心中也很无奈,内心有些矛盾:他既希望米契科夫能抛开个人感情,理智地处理这件事,又害怕米契科夫不顾感情,用理智处理这件事。

心慈手软的人是不能在无间道上走太远的,他的未来,头上永远悬着一把利刃;可是,他所认识的米契科夫是个感情丰富,真诚善良的人,他们的友谊虽然深厚,却无法跟包席德带大米契科夫的感情相比,如果他连亲手带大他的人,都能狠心除去,那内心还有什么是不能抛弃的?这样的人还能被战胜吗? 自己做的一切他能理解吗?

二战谍雄

所有的事情都暂停了。米契科夫现在陷入矛盾复杂的心境中无法自拔，约翰尼又回柏林调查内奸去了，这几天，米契科夫什么也没干，缠着自己的哥哥商量这件事，他实在拿不定主意。

该来的还是要来，几天时间，约翰尼就从德国军情局查出，情报支出金额巨大，领取资金的线人正是包席德。

事实摆在眼前，包席德拿了情报局的钱，出卖了米契科夫。米契科夫不能再自欺欺人了，当断不断，反受其乱，经过短暂的思考，其实这件事已经困扰他许多天了，米契科夫决定干除掉包席德！

先下手为强，既然要干，就不能拖沓，更不能留下破绽，惹人怀疑；不可以让包席德察觉出自己的意图，要防止他临死前反戈一击。

世间自有公道，付出总有回报。米契科夫想到两个人可以帮他，那是他做律师的时候种下的善因：

有两名罪犯，他们也不是清白无辜之辈，对自己所犯罪行供认不讳。可是好汉做事好汉当，不能把他们没做过的事情硬栽赃给他们。出于专业直觉，米契科夫觉得他们没必要只认一半罪，就多方打探，帮他们洗涮冤屈，找出真凶，他们也愿意为自己的罪过接受惩罚。米契科夫佩服他们的气节，主动帮助减刑，二人更加感激米契科夫，就像大盗们尊敬基督山伯爵一样。

如今两个罪犯已经刑满释放了，他们听说米契科夫家的仆人为了钱出卖他，还想要至他于死地，当时就义愤填膺，怒发冲冠，发誓要为大恩人除去这个祸害。他们问米契科夫有没有特别要求，怎么做才能解去他的心头之恨。米契科夫说：做成抢劫杀人。

安排好杀手，米契科夫当晚叫来包席德，说道："包伯，我有份紧急文件要送，你找人把它送出去吧！"

包席德还蒙在鼓里，对前途懵然无知。他还想多赚点钱，于是说道："少爷，要是要紧的东西还是让老头亲自办吧，外人看着不放心。"

　　米契科夫心中暗叹：包伯，别怪少爷心狠，我给过你机会了。不自觉地摇了摇头，说道："那就辛苦包伯了！"

　　毫不知情的包席德还以为米契科夫是心疼他，就劝解："少爷放心吧，老头身子吃得消！"说着转身出去了。

　　老仆的一番话勾起了往日的回忆，米契科夫心中一动，不觉叫出来："包伯！"

　　包席德回身看看米契科夫，纳闷地问道："少爷还有什么吩咐？"

　　刚刚变得柔软的心复又刚硬起来，米契科夫只能叹了口气，说道："快去快回，路上注意安全！"

　　看着包席德离去的背影，他的眼泪终于没有忍住，就在包席德驾车驶出大门的时候，米契科夫在楼上书房，扶着窗台大声哭叫："包伯！"可惜他没能听见，驾车走远了。

　　嘈杂的警笛声划破了清晨的宁静，警察局来人告诉米契科夫，他那忠心耿耿的老仆人，不幸被人枪杀在铁路调度场。经过现场勘察，初步认定是谋财害命，因为驾着名车，穿着又体面，身上现金也不会少，所以被盯上了，而且，看手法应该是惯犯，正在通缉犯中排查，尸体可以领回了。

　　听完警察的描述，米契科夫再次失声痛哭，差点哭晕过去，后来当地人都传颂，米契科夫重情重义，待人宽厚，给一个老仆人隆重厚葬，只因为老仆人曾经在他小时候照顾过他。

　　这桩命案被当作一件奇闻传得沸沸扬扬，但始终没也有结案，没有人在乎无足轻重的小人物。约翰尼不久也知道了包席德的死讯，心中不知是喜是悲，米契科夫第一次杀人，就杀得干净利落，没有一丝破绽，还被人称颂不已。可是，一想到那是从小把他带大的人，他还能冷静设计出这完美的杀人计划，不自觉地心寒。他会不会有一天也这样对自己？

葡萄是酸还是甜，只有亲自吃过才知道；杀人难还是不难，却不是杀过才知道。虽非亲自下手，可是从策划到定计，每一步都有米契科夫的影响在内，杀手是他找的，命令是他下的，包席德是他骗出去的，是否亲自下手，根本无关紧要。

杀人也没什么了不起！米契科夫又通过了一关，他不再是那个只能逞口舌之快的面甜心软的豪门少爷，他已经历过了生死的考验，成为了一个真正的间谍。

解除了身边的隐患，米契科夫又开始行动了，他约见了门津格，说有事需要见面详谈。门津格听说有个外交官员愿意加入，帮忙搜集情报，迫不及待就赶来见米契科夫。一见面就问："你那个外交官朋友到底是谁呀？"

淡定。遇到任何问题都要保持淡定。米契科夫也不知道那人是谁，可是一点都没慌乱，毕竟是杀过人的人，这点小事还不在他忧虑范围中，随便找个借口就能打发了。于是就说："是我的老朋友，你放心，绝对可靠。"

猫有猫道，虎有虎道，情报来源很重要。门津格知道，情报员不想说的就没必要多问，所以没再纠缠。于是，他说："那好吧，你就跟他保持联系吧。"

说完，他从公文包里取出一个金属的小瓶，说："这是给你那位朋友的密写剂，你就向他说明使用密码和接头联络的具体事项吧，从今以后，你们单线联系，由你把他的情报转给我。"

经过这次会谈，米契科夫正式成为由德国门津格少校亲自任命的情报员了，他的下线是所谓的一个英国外交官，他已经得到德国方面的认可，可以以德国间谍的身份开展自己的"业务"了。

到了和英国人约定的时间，就在这件事过去几个星期后，史巴雷迪斯向他下达了作为英国间谍的第一个任务——搜集"海狮行动计划"的所有情报。史巴雷迪斯交代完任务后,问道:"年轻人,还有什么疑问或者还有什么困难,我可以帮你解决一下。"

几次接触下来,米契科夫发现,自己越来越喜欢这个英国小老头了,他总是这么为自己着想,米契科夫说道:"其实,我正有件事想请您帮忙决断一下,我最近又招收了两个情报员,一个是我哥哥伊沃,一个是我大学的同学尼古拉斯·卢卡斯。我哥哥是我清除内奸时帮我决断的人,他已经知道我在干什么了,而且他没反对,反而主动帮助过我;我那个同学也是心向英国的,只是最后决定他们是去是留,还想请您给点意见。"

史巴雷迪斯听完后,保持着他那招牌式的矜持微笑,心中暗想:这个年轻人既大胆又细心,秘密已经泄露了,是怎么也收不回来的,唯有把知道秘密的人也拉到这边来,一起维护这个秘密。又怕自己没经验,办得有漏洞,想让我帮忙把彻底他们拉到这艘船上,以后就能同舟共济了。

想到这里,史巴雷迪斯欣然让米契科夫带着自己去见这两个新成员。刚一见面,史巴雷迪斯就在心里暗赞一句:年轻人好眼光,这样的人知道了我们事情,除了杀掉就只能为我所用,不过杀了太可惜,重用才是正确的选择,我就帮他把这两员悍将收归旗下吧。于是,英国在南斯拉夫的情报网壮大起来,暂时叫作"南斯拉夫小组"。

米契科夫在德国情报机关这边也有自己的代号了,他们叫他"伊凡"。门津格和约翰尼又来到米契科夫家作最后的指示。门津格说道:"嗨!伊凡,激动吗?我们想要把你派往英国,就呆在他们的心脏,看看你那位朋友到底有多在乎你的友谊。还有,你可以多做些游历,看看有没有特别值得记录的城市地貌,那里的人情风俗,政府机构,军事设施等等,你不用判断它们是否是有价值的情报,只要把见到的东西记录下来就可以了。"

二
战
谍
雄

英国那边刚指示他搜集"海狮行动计划",德国这边就要让他为"海狮行动"提供轰炸目标了,老天也太眷顾米契科夫了。这就相当于让米契科夫出题再让他回答,想不得满分也不行。

伴着道边槐花的清香,微风吹拂着路人的发丝,也吹进人们的胸襟,像慈母的双手,温柔的慰藉。道旁露天咖啡馆里,坐着一个丰神俊朗的青年,一边品尝着咖啡,一边欣赏路边的景致。

已经是离开南斯拉夫半个月了,现在是在意大利的罗马,米契科夫要按照阿勃韦尔的指示接头。地点,就在这家维亚芬尼多街的巴黎咖啡馆。米契科夫叫了杯哥伦比亚咖啡豆现磨的咖啡,惬意地呷着咖啡,一边品鉴咖啡的好坏,一边等待着与他接头的人。

不知过了多久,米契科夫已经喝到极限了,那个人还没出现,虽然不知道他是谁,但是自己在这坐了这么久了,还是没人来跟自己接头,明显有点不对劲。米契科夫踱到露台上看风景,搔首弄姿地乱散桃花,引来无数美女的目光,他本意是想吸引接头的人注意到他。

这招挺有效,马上过来一个面貌萎缩的男人前来搭讪。

"先生是第一次来罗马玩吧?"

米契科夫心道:终于等到了,我不起来,你不会进来找我吗?害我喝了一肚子咖啡,尽管是好咖啡,可也不是这么个喝法呀!但是面上淡淡地说"不,我从前来过好几次的。"

猥琐男又说:"尽管如此,还是有些地方值得您去逛一逛的,我可以当您的向导。"

米契科夫说道:"好吧,你说得不错,那我就去参观一下哈德良长城好了。"

"哈哈,我可是研究哈德良皇帝的专家,今天天气好极了,我们的时间也很充裕,去雇辆马车好不好?"

"真是个好主意!"

到这里,接头的暗语就对完了,米契科夫跟着他开始了游览,可是那个男人一路上真的认真做起了导游,传递情报的话,一句也没提起,米契科夫正纳闷不已,男人突然把手伸进背心上的兜里,米契科夫心里一紧,以为他要拔枪,下意识地迅速退了一步,正思考着怎么逃跑,或者反制。男人的手从兜里抽出来了,手里没拿枪,但是却掏出一大打搔首弄姿的女人照片,并鼓动起他的如簧巧舌,开始向米契科夫推销,哪个温柔,哪个泼辣,要什么样的都有。

米契科夫先是一愣,然后恍然大悟,刚才在露台上放电送秋波,本想招来接头的人,没想到招来一个皮条客。最可笑的是,皮条客的搭讪竟然和接头的暗语完全吻合,要不是这样,米契科夫早就看出来了,也早就把他打发掉了,自己竟然撇下接头的人,跟着个皮条客招摇过市,简直不可思议。

那个导游或者皮条客看着不顾形象大笑不止的米契科夫,感到莫名其妙,难不成这位受过什么刺激,不能提美女,一提就犯病,看着像,想到这,他也不由自主地后退一步,两眼开始寻找退路了。暗道:下次再也不提坐马车了,万一遇到精神病,逃都不容易。米契科夫笑够了之后,给那人一点导游的小费,把他打发走了。那位导游也见好就收,拿了钱就走,不再啰嗦。

有了这个教训,米契科夫不再做开屏的孔雀了,老老实实坐在座位上,等着人来找他。他把一份南斯拉夫的《政治报》打开,再把一盒"摩拉乏"牌子的香烟和一盒南斯拉夫火柴盒放在桌子上。这次,是一个教授打扮的人来和他搭话,暗语对上后,两人雇了马车向梵蒂冈驶去。

教授模样的人在国家公园旁边就下车了,交给他 2000 美元,还告诉他,在这等一会,马上有朋友来见他。不一会,他口中的朋友就来了。还真是米契科夫的老朋友，约翰尼，他们见面就没那么拘束了，真的就像老朋友叙旧一样谈起来。约翰尼先问："老伙计，是不是出什么岔子了，迟到可不是你的风格啊？"

米契科夫一听就忍不住笑，说道："真让你说着了，你说我怎么什么事都能碰到啊？刚有个皮条客跟我搭讪，那暗语说得一个字不差，我跟着他逛了大半个罗马城，在一个小胡同里拿照片，我还以为是要拔枪呢，吓得我心脏差点偷停。"

约翰尼听完也不禁嘲笑起好朋友来："哈哈！一定是你像个开屏孔雀似的，到处散桃花，可不就让皮条客盯上了吗？看你下次还敢乱放电！"

谈笑间，约翰尼告诉他上峰指示"海狮行动"计划搁浅。他对米契科夫说："海狮行动虽然暂时搁浅了，但是空军总司令戈林元帅将要亲自指挥战鹰狂轰伦敦和英国的各个港口，因此你的原定任务没有改变，希望你按计划行动，我祝你马到成功。

"你现在要面对一个新的领导，卢道维柯·卡斯索夫少校，真名叫欧罗德，此人是阿勃韦尔驻里斯本的头目，而葡萄牙是德国在欧洲的主要情报站。你可以通过公用电话联系他，就说是找卡尔·施米特，对方会暗示你在指定的时间和地点见到你，但是你要提前一个小时到达，然后会有一个女人从你身旁走过，并对着你使眼色，你放心地跟她走就行了。

"别再跟错人了，这次见的人可没我这么好说话。"说完正事，约翰尼又打趣了米契科夫一下。米契科夫说："我巴不得见到一个漂亮的就向我眨眼，然后我就跟她走，这次看谁占便宜，谁吃亏？"

要换上司了，新上司的脾气秉性，自己一无所知，还是先做好自己分内的事，站稳脚跟再说。

按照约翰尼所说的接头办法，米契科夫找到了自己的新上司——卡斯索夫少校。这人果然精明干练,他派阿勃韦尔三处驻里斯本的头目克拉默上尉对他进行了严格的审查,一确定米契科夫的身份,就开始教他如何使用密码,投寄信件,而且出手大方,给了他一架新的莱卡照相机和一本使用说明。最让米契科夫满意的是他把自己安排在阿维士饭店,虽然那里是由德国人控制的,不过除了这一点,那里的条件还真是好得没话说。

米契科夫住进饭店安顿好自己的住处就到餐厅用餐,现在是德国人买单,他可不想委屈自己的肚子,尽量找回在家当少爷,一掷千金的感觉。正当他放松身心,好好享用晚餐时,他发现一个漂亮姑娘在向他暗送秋波,媚眼频传。米契科夫现在全部精神都在自己的桌上,看了她一眼,就继续跟盘子里的牛排、龙虾作战。当他拿起香槟抿了一口,眼光随意地在餐厅打量着,又一道挑逗的目光迎了上来,对上那双眸子的主人,还是刚才那个大胆的姑娘。

不同寻常啊!这次,米契科夫留心了,没吃几口就抿一口酒,眼睛朝那姑娘望去,那姑娘知道米契科夫察觉到了她,更加大胆了,每次都主动迎着米契科夫的目光,搔首弄姿,要不是餐厅还有很多人,她很有可能直接冲过来勾引了。

米契科夫知道这里虽是德国人控制,但是为了掩盖真相,也有很多普通人在这住宿、用餐,由于不清楚对方到底是什么身份,米契科夫不敢轻举妄动,乖乖用过餐就回去了。

不知是凑巧还是有意,当天晚上,米契科夫竟然又在电梯里碰到她了,这次,狭小封闭的空间里只有他们两个人,米契科夫心想:不好,要有事情发生了。那姑娘倒是没过来动手动脚的,可是,那呼呼冒火的眼睛可是定在他身上就没动过,那目光里满是挑逗,就看米契科夫能扛到几时,不就是眼神攻势吗?你能抵挡得了,下面还有语言攻势和肢体语言攻势,电梯里短短

二战谍雄

143

的几分钟，已经把他的神经折磨得快要崩溃了，就怕那姑娘破釜沉舟，最后一击，不知道会出什么招，也搞不清她到底是被人派来的还是纯色女郎。

电梯终于到地方了，米契科夫几乎是逃出来的，还好那女郎也没有继续追逐的意思，米契科夫松了口气，回到自己房间，要先洗个热水澡，刚刚吓出一身冷汗，再洗个冷水澡，让自己冷静下来。

整个饭店最高级的一间套房，豪华的浴室里，米契科夫站在洗漱镜前，自恋自赞，镜中的美男子面庞光洁白皙，棱角分明，浓密的眉向上扬起，乌黑深邃的眼眸泛着迷人的色泽，像朝露一样清澈，高挺的鼻子，像刀刻般俊美，玫瑰花瓣一样的薄唇，魅惑地一笑，嘴角微微上翘，眼中散出无数桃花，心想：别以为只有你才会放电！他鼻中轻哼了一声，开始脱掉外衣。

先看局部，再看整体，会让美女贼心大起。高大挺拔的身材，牛奶色的肌肤，宽厚的肩膀，铁扇似的胸膛，整齐排列的八块腹肌，修长有力的双腿，骨骼匀称，手长脚长，健美的体型就像米开朗基罗的大卫雕像，当然，很快他也脱得跟大卫一样了。站在镜前孤芳自赏了一会，就跳进了浴盆。

身体慢慢适应了水温，四肢缓缓地在水底舒展开来。米契科夫在南斯拉夫家世显赫，常有美女眉目传情，投怀送抱，他也不以为奇，后来在巴黎，在柏林，在伦敦，走到那里都不乏离奇的艳遇，他渐渐对自己的魅力充满自信，要不是这里受到德国人的控制，考虑到这个女郎有可能是德国暗探，他早就上前把这朵送上门的娇嫩鲜花给摘了。

局势还不明朗，不能轻举妄动，匆匆打量了一番，那姑娘真是美艳绝伦：浓密的金色波浪卷发随意地飘散在肩头，每根发丝都释放着热辣的迷人电波，弯弯的柳眉淡雅宜人，长长的睫毛微微颤动，魅惑的眼神，配上性感丰厚的双唇，犹如玫瑰花瓣娇艳欲滴，白皙无暇的皮肤透着健康的粉红，无时无刻不显得风情万种。

两人在电梯里的短短几分钟,米契科夫就目测出那女郎的魔鬼般的身材。如果用四个字来形容就是标准、极品,如果用两个字来形容就是完美。

啊!这样诱人的身材,配上那天使般的面庞,又是主动送上门来,这样的机会可不是经常有的,心里不免痒痒的,蠢蠢欲动,但又一转念,现在可大意不得,赶快换凉水。他从水汽氤氲的热水池出来,打开莲蓬头和凉水管,从头到脚冲了个透心凉。

站在冷水里静静地分析着几种可能:第一,像在其他社交场所一样,那个姑娘纯粹是被米契科夫身上的花花公子气质吸引来的,毕竟,在其他地方他也是最招蜂引蝶的一个;第二,她是德国间谍,刚刚在阿勃韦尔三处的审查虽然严格,但都是正面的,看新上司沉稳干练,很有可能再派人侧面考察一下,就凭自己"外忠内奸",说假话都慷慨激昂,见到美女更是甜言蜜语顺口就来,应付审查绝对没问题。

最后就是,放不放她走呢?这是一个问题,而且是一个很严肃的问题。首先,放走她,自己心里就不好过,这么极品的美女可是万中无一,若她不是间谍,那可太伤人家姑娘的自尊心了,万一留下什么心理阴影,以后都不敢出来正常社交,自己的罪过就大了;再说了,就算她是间谍,自己通过考察,跟她就是自己人,也不好拒人家于千里之外,那样的话,怎么能是照史巴雷迪斯老头的意思"好好和他们相处",以后同事关系怎么处?

这家饭店是德国人控制的,也就是说最后结果如何,阿勃韦尔都会知道自己的表现。如果她不是阿勃韦尔的人,他和她发生一夜情,那在阿勃韦尔眼中将会形象全毁,还是个可托付大事的人吗;可如果她就是阿勃韦尔派来拴住他的,他又拒绝她,那阿勃韦尔还会放心使用自己吗?

结论就是,如果她是被自己魅力而吸引来的无知少女,自己就得忍痛割爱,在阿勃韦尔那边留下好印象;而如果她是阿勃韦尔所派,就要顺着形势发展而定了,审查完,她要走,就不能留,她想留,也不能赶她走。

米契科夫所有假设都想到了,就是没想到,万一人家就是来杀他的,他该怎么办。不过他完全有信心,真是个女杀手也不怕,自己的男性魅力,绝对能把她的百炼钢,化为绕指柔。

既然主动权不在他手上,那就耐心等待吧!

思考完对策,澡也洗得差不多了,穿上浴袍,腰间轻轻用带子挽着活扣,擦干了头发,走进卧卧室换睡衣。进到卧室他才发现,餐厅里频送秋波的女郎已经姿势暧昧地坐到他的床上了。她已经穿好了睡衣,是那种接近肉色的纯丝织长袍睡衣,虽然睡衣紧紧包裹着她的身体,可是包住的地方并不很多,尤其是她一低头,一摆腰,活色生香隐约可见,表面显露的凹凸有致,玲珑曼妙也能让人引发无限遐想,像是个无声的邀请。

那女郎见他进来,走下床,倒了杯白兰地,又大大方方地走近他身前,说道:"来吧!"

米契科夫心一动:你也太直接了吧!我还不知道你是谁呢,来什么? 心里想着就脱口而出:"来什么啊?"

那女郎忍不住"扑哧"一声笑了出来,"真是个有趣的男人! 过来跟我喝一杯。"

米契科夫"啊!"了一声,又是放心又有点失望。也走过去倒了一杯白兰地,跟那女郎一碰杯,"铛"的一声轻响,两人都一饮而尽。

女郎赞道:"好痛快! 我越来越喜欢你了。"

米契科夫笑道:"小姐,你不会是喜欢上我了,又害羞,所以想来灌醉我或者灌醉你自己吧,我可是个正人君子呦。"说着摆了个色狼造型。

那女郎又是一阵大笑,过去就在他脸颊上狠狠地吻了一下,还用她的身体若有若无地蹭着米契科夫的身体。见米契科夫没什么反应,就说:"再给我一杯酒,我们慢慢聊天,好不好?"

米契科夫只得接过女郎手里的空酒杯,又给她倒了一杯白兰地。回过身来看见那女郎又坐到沙发上去了,似无意地翘起二郎腿,右腿就从睡袍里跑到外面来了。米契科夫感觉自己就要化身月夜狼人了。

女郎接过酒杯,手顺便在米契科夫的手上特意停留了一秒钟,她只是轻抿一口酒,说道:"好了,帅哥,现在给我讲讲你的身世好吗?"又故作娇羞地冲他一笑,脸上飞来两朵红霞。

米契科夫瞬间从人狼变回人类,警惕性也提高了一万倍,这娇羞与开始的豪放大相径庭,而且表演的成分太明显了,他马上对她的兴趣也抛到了九霄云外,开始全身心地接受考验。

他顺着那些中了纳粹精神毒药的同学的经历,讲述着他对纳粹的爱戴,又结合自己的实际情况,编造这次来里斯本的故事,在不暴露自己是德国间谍的情况下,描绘了一幅他要在里斯本大展拳脚的宏伟蓝图。

这个女人对他讲述的故事十分满意,要不是在执行任务,不能暴露自己的真实身份,他都要跟米契科夫一起高喊"元首万岁"了,不过他乡遇知己,米契科夫所说每一句都打在她的心坎上,没等他讲完,她那搔首弄姿、卖弄风情的热情早已降到冰点,变成了冷艳美女。

见此情形,米契科夫更加确信他猜对了。她是德国间谍,暗中考察自己对纳粹、对希特勒的真实意图,看着还是颜若桃李,但骨子里已经冷如冰霜的冰美人,米契科夫心中不仅感叹:这么正点的美人竟然是个纳粹间谍,真是太可惜了!

他也不再跟她废话了,故意把只剩一点底的白兰地酒瓶递给她。"小姐,看来你只是来喝酒聊天的,我可得出去猎艳去了,如果你睡不着觉,就把你爱喝的白兰地带走吧,你已经在情场上骗到了你借以解闷的故事,再拿它下酒,你会做个好梦的,晚安。"

那女特务听到米契科夫下逐客令,也没再纠缠,反正任务算完成了,她也没打算真留下过夜,道声谢就走了。

第二天,米契科夫向上司汇报公务后,觉得还是应该主动提一下那个女特务,表示自己怀疑她。那个老狐狸卡斯索夫严肃地说:"关于那个神秘女郎的事,你就不用多管了,我们会派其他人继续追查的,不过,你的警觉性很高,又能抗拒美色的诱惑,这很好,年轻人最容易在美色上栽跟头。我看好你,盼你早日从伦敦带来好消息。"

卡斯索夫的话彻底让米契科夫放下心来,不但那女人是纳粹间谍这件事情他猜对了,而且他的表现让德国人很满意,他们已经彻底相信自己了。

间谍情侣档

在一架飞往英国伦敦的荷兰皇家航空公司的班机上，双面间谍米契科夫正在享受美丽的航空小姐热情的服务，他在飞机上也像在酒店一样，只要有机会他都会抓紧时间享乐，他对此次的伦敦之旅满怀期待。

阿勃韦尔对米契科夫寄予厚望，相信他一定能够抵挡住一切诱惑，全心全意地为纳粹德国效力，全身心地为元首尽忠。而米契科夫也不负众望，满载着阿勃韦尔的盼望和祝愿，踏上征途。

从德国情报机构的立场来看，他们是把米契科夫派往敌对国英国，而对米契科夫和英国的军情六处来说，此行是就是游子归乡，有机会来到他服务的国家和机关，接受荣誉和欢迎。

米契科夫记得临别前，史巴雷迪斯老头说过："年轻人，好好享受旅行的时光吧，再回来，你可就没有这样的闲暇了。其他事情都不用你操心，总部会为你安排好一切的。还有，不要主动去找我们组织，他们会来找你的，切记这一点。"

他当时就很疑惑，自己不去找组织，又不许身上带什么标识，伦敦又没有人认识自己，难不成跟来人玩心灵感应。

那老头神秘地笑笑，只说"本色出演"。老家伙的笑容那么诡秘，不会是跟总部说新成员是个花心大萝卜，到机场接最花的人，就是了吧。

本色就本色，他还不稀罕演戏呢。下飞机前，他把头发抹得锃亮，苍蝇站上去都得打滑，挑了一顶紫花围边的巴拿马草帽，藕荷色的细领带，淡黄色的西服,上衣口袋里插了一朵红玫瑰,如果那时有蓝色妖姬肯定轮不上红玫瑰,深褐色的软牛皮鞋,随身带着他那浅绿色的小提箱,茫茫人海,想不惹人注目都难。

光凭这身打扮,往那一站,过往的人,不用细看,心底就同时涌起4个大字"花花公子",这几个字基本概括了对他的第一印象。

更何况他身边还站着4个年轻美貌的航空小姐陪他打情骂俏,刚才在飞机上就是他惹得人家争风吃醋,不过他也轻易摆平了,还让几个小美人伺候得像个国王出行一样。心想:这下够本色了吧,怎么还没人来接我,照这样下去,不把几个小美人带走反要惹人怀疑了。

就在米契科夫快要惹祸上身的时候,一个面色红润的男人迎了上来。大声说道:"雅科夫少爷,快回去吧,先生和夫人都等急了。"

几个美女看他是对米契科夫喊的,一下子都大失所望。米契科夫看看几人说:"小宝贝们,对不起,我有急事先走一步,这是我的名片,随时打给我。"美女们纷纷要留电话给他,希望他闲下来时联系。

等到空姐们走远,米契科夫跟来人上了他的车,他开着车说道:"米契科夫先生,您演得太像了,对了,自我介绍一下,鄙人乔克·堆斯福尔,是军情六处的,史巴雷迪斯先生已经通知总部你要来英国,还有见到你很高兴。你的演技真是没的说。"

米契科夫嘴里谦逊着,心想:演技好,演得像,不是说突出本色吗? 老家伙,敢戏弄我。要不是手里拎的是自己心爱的提箱,真想对它重重的打一拳。一会功夫,到了下榻的萨瓦饭店。堆斯福尔停车去了,米契科夫先正要进行登记,发现房间已经定好了。他不动声色地进了电梯,走进那间屋子。

打开门,一个精神抖擞,面目英俊的像是电影明星一样的英国军官走了过来,看着填写登记表的米契科夫,直接叫出他的名字:"嗨,你好吗? 米契科夫先生！我是罗伯逊，军情六处的科长，我负责编造对付敌人的假情报的鉴别工作，我们将要进行亲密无间的合作。对了，我工作时的名字叫作'塔尔'，希望能对你的情报搜集工作有所帮助，祝你早日在阿勃韦尔确立牢不可破的地位。"米契科夫一时间吃了一惊，但很快他就快活起来了。

在罗伯逊的陪同下，米契科夫正式踏进了他真正为之服务的机构——英国军情六处的大门。整个军情六处就设在一栋舒适的公寓式建筑内，在这里，先要进行一番甄别，大约有十几个官员对他进行了连续4天轮番不间断的审问，同样的问题从不同的角度发问，虽然没动刑，可是这番轮番审问比拷打都折磨人。

在一切都表明真实可信之后，米契科夫就被带到一间装饰摆设都很考究的办公室里。他猜测，这可能就是军情六处的大老板办公的地方。果然，引荐的人说，眼前这个已经年过半百，精神依然矍铄，身材瘦弱，但气度非凡的人就是赫赫有名的军情六处的负责人斯图尔特·孟席斯少将。

米契科夫对这位长者的第一印象非常好，他身着军服，身姿挺拔，有军人坚毅的气质，但是神情姿态上却透着一股儒雅的风度，如果他不穿军装，而是穿西装，则更像是一个学术界的权威人士。

孟席斯少将和蔼地说道："很高兴见到你，年轻人！希望你能够适应我们的工作方式。每一个情报员都要诚实可信，这样也是为其他情报员的安全着想，相信你也不愿羊群里混进一只狼。所有情报员都会向我仔细的汇报。顺便我也要表扬你一下，第一次汇报工作就做得非常好。我希望你能到我家和我的家人一起度过一个美好的周末。"

大老板盛情邀约，作为下属的米契科夫不好推搪，未及思索他就和罗伯逊一起来到孟席斯家。主人的热情好客，让米契科夫感到宾至如归，尤其是孟席斯的太太，更是一个温柔善良，大方得体，教养学识都很好的美丽主妇。她很欣赏米契科夫,聊了几句就把他介绍给一个最迷人的姑娘,她就是嘉黛·沙利文。

米契科夫一见到这个姑娘,就忍不住要感谢上帝:如果活着,是上帝赋予我的生命,那么活着有你,将是上帝对我最大的恩赐。你是那样的纯净,就像一块晶莹剔透的水晶;你清丽秀雅的脸上始终荡漾着春风般的笑容;在你神思顾盼的眼睛里,我能感受到你的宁静、淡雅、聪颖。当你的美目在我身上驻足,那一刻有一股难以名状的暗流在心中澎湃汹涌。

这个与米契科夫一见钟情的姑娘是一个奥地利纳粹头目的女儿,因为与自己父亲政治信仰不同离家出走,逃到英国。米契科夫平常见到美女就像蜜蜂见到蜜糖,可是在这个姑娘面前,他竟然变成了青涩羞涩的小伙子,忘了搭讪,忘了放电,就那样傻傻地看着她。

沙利文见他想跟自己聊天又害羞不敢主动说话,轻轻抿嘴笑笑,伸出手,主动让米契科夫握,米契科夫却迟疑着不敢一下抓住姑娘的手,他颤抖着想要跟她握手,可是又不敢碰一下那白玉般的皮肤,勉强克制住内心的激动,与她握了一下。

米契科夫这才想起,自己的“本色出演”,全身上下无处不是花花公子的样子,这样的形象,跟姑娘握个手就兴奋成这样,也太不专业了。可是心境一旦落在下风,就很难扳回来了,从前自己一旦释放出狼人气场,那些小绵羊一个也没逃出他的手掌心,可是现在想调出让女孩子又爱又怕的逼人气势,却怎么都调动不起来,只能像个没见过世面的小伙子,顶着个番茄脸,在一旁局促不安地关注姑娘的脸色。

热情的欢迎会后,米契科夫正式成为英国军情六处的特工。休息几天后,米契科夫就在罗伯逊的帮助下,开始为德国搜集情报了。工作的时候,他们互相称呼代号,“侦查兵”和“塔尔”。

二战浪漫曲

"塔尔"不愧是对敌制造假情报的专家,他给米契科夫的建议都是既大胆又安全的,米契科夫的天分很高,渐渐青出于蓝而胜于蓝。

德国方面派米契科夫来英国是为"海狮计划"提供轰炸目标的,那么,他们一定对英国皇家空军的事情感兴趣,如果米契科夫能为他们提供英国空军机场、装备机密情报,他就能一跃而成为德国最重视的间谍,对他将来回去接触更多机密大有帮助。

于是,米契科夫在大量城市山川分布的旅行手册中又增加了许多英国空军遐想。因为早期的飞机重量轻、速度小、滑行距离短,所以只要是平坦空旷的场地都可以作为飞机起降场。后来才逐渐增加相应的跑道和勤务保障设施。而直到喷气式飞机出现,才需要修建规模大,设备完善的军用机场。也就是说,只要找到几处地势相对平坦的地方,再伪装几架飞机,就可以欺骗德国情报机构,让他们相信那就是英国的军用机场。

这天才的构想马上得到"塔尔"的赞赏和积极配合,他也请示过上级要不要把那些飞机的庐山真面目透漏给德国。孟席斯和几个得力助手研究后决定:我们的杀手锏当然要留着给他们惊喜,况且"侦察兵"刚出道就拿到太核心的机密反而惹人怀疑,应该让他像个新手一样发回那些重点不明的情报,偶尔夹些他们真正想要的,才更易让他们信服。但是那些我们可能支援盟国的飞机早晚都会让德国特工知道,与其让他们报告,不如把功劳交给"侦察兵",名字不必隐瞒,太随意的名字不是我们的风格。

超级马林喷火式包括飓风式在内,都不是德国新锐机种的对手,它的设计起源只是一种低单翼的高速水上飞机,而现在它的细部改进了很多,新的梅林型发动机,高空性能良好,加强了火力配备,表面上还看不出来不同,就把喷火式弄几架装点门面,让他们以为我们空军实力不如他们,到时候就用改良版教训他们。

霍克飓风式和德国的梅塞施密特相比，平行飞速和爬升力都较差，能够引起德军的骄傲轻敌之心，而他们不知道的是，这种飞机的稳定性和控制性都略胜一筹，最重要的是它的主翼能够喷洒出狂风暴雨般的弹幕，等他们知道厉害时，已经晚了。况且南斯拉夫也在使用这种飞机，米契科夫最先了解的就应该是这个机种。

再找几架不同型号的报废飞机维修一下，就叫霍克台风式、迪海维兰蚊式轰炸机、阿佛罗兰卡斯特重型轰炸机、布里斯托布伦海姆轻型轰炸机、梭特桑德兰飞艇等等。真真假假，虚虚实实才更像真的。

大老板都同意了，米契科夫这边就容易了。他用卡斯索夫交给他的莱卡照相机拍下许多军用机场不同型号的战机整装待命的珍贵情报。实际上都是同一块空地，米契科夫用不同的角度，换上不同的背景，也就是不同的报废英国飞机，炮制而成，至于机场的地点，找几个人烟稀少的地方，就说是秘密基地，他以采风的名义偷拍的。

飞机的数量、型号、设计起源就按三分真，七分假的比例编造，米契科夫是很有原则的人，他提供给德军的情报经得起反复推敲，甚至实地考察；而假情报也非常有水平，尤其是经过罗伯特改良，总能让敌人得出与实际情况相差十万八千里的结论。这点让米契科夫敬服不已。

鉴于德国人最终想要登陆的心理，提前提供给他们一些海军方面的情报，应该会给德国人留下些印象。现在吃掉英国海军还言之过早，他们没时间理会，等到真需要的时候，与实际情况不符，也只能怪自己运气不好，错过了时效，也许他们还会凭借这份情报认为米契科夫是个有远大战略眼光的人才，也许会让他独立领导一个组织，方便他们把更多的自己人安插过去。

于是非常有英国特色的战舰名号被罗列在米契科夫的报告中：伊丽莎

白女王号、皇家橡树号、君权号、决心号、乔治五世国王号、威尔士亲王号、约克公爵号、勇敢号、光荣号、光辉号、胜利号、可畏号、厌战号、勇士号、声望号、反击号、复仇号、纳尔逊号、罗德尼号、巴勒姆号、马来亚号等等不胜枚举。

再配上足以乱真的照片,德国方面果然大为赞赏,都夸米契科夫材堪大用,刚小试身手就能弄到如此珍贵的情报,虽然他们现在不需要,但将来这些情报都会派上大用场的。德国认为米契科夫的假情报做得好,特别邮寄了一大笔经费让他再接再厉。

有了大笔经费做后盾,米契科夫就可以工作谈情两不误了。上次在孟席斯家宴会上遇到的嘉黛·沙利文姑娘给他的印象太深刻了,想她已经是一种习惯,爱她已经无法改变,他要是不能得到姑娘的心,他都不知道将来自己要怎么办。

知道沙利文身世的人不在少数,她那个纳粹父亲可以掩护他们不受德国人怀疑,还可以一起出席社会名流的豪华舞会,那可是信息爆炸的地方,随便一个小话题都能给米契科夫带来无尽的资源,而政界商界的消息对战争的直接影响并不大,不必费心造假,不但能提高米契科夫在阿勃韦尔的分量,更可以合理的解释,大笔经费的去向,毕竟有财富铺路,才有可能接触那些名流大腕。

在孟席斯家宴上第一次见她就惊为天人,米契科夫当时一紧张连自己的长处都忘了,花花公子就是脸皮厚,美人关注怎能脸红,要淡定。不过沙利文也错过了把米契科夫掌控在手上的好机会,所以,米契科夫要来扳回一局。

一个晴朗的早晨,伦敦的上空明净无云,太阳散射着温暖的光,微风中空气似乎带有野外的花草清香。借着这一缕幽香,米契科夫在房里伸了个懒腰,透过轻摆的帘幕洒满床的阳光似乎在告诉他这是个约会的好日子。

天助我也,昨天刚打听到沙利文,嗯,现在应该叫嘉黛小宝贝,对,要自信,她早晚都是你的嘉黛小宝贝,所以晚叫不如早叫。我的小嘉黛今天可是要上街啊,我得在她身边当她的护花使者,她现在对你可是很依赖呢。很好,厚脸皮已经回来了,保持这个心态,起床。

进行充分自我催眠后的米契科夫怀着护花大业的万丈豪情起床了。他先在穿衣镜前反复试穿各种衣服,最后挑一套穿起来显得沉稳中不失风流,风流中带有庄重,自认为很满意的衣服。

挑完了衣服,接下来该收拾这张脸了。绿茶洗一遍,去污;牛奶洗一遍,美白。刷牙也不能只刷一遍,先用盐美白,杀菌;微笑,效果很好;再用薄荷清新口气,口气熏到嘉黛小宝贝就不好了;呵一口气,试一下,挺清新的,保持;再用百花泡水漱口,漱口水先吐后咽,整个消化系统都要清洗一遍。

吃完早点又重新收拾一遍,临出门前突然想起,应该在两边腋下多喷点香水,防止中午出汗熏坏了小嘉黛。戴上他那顶拉风的大草帽,出门了。

花花公子就是有经验,也没到人家姑娘家门口盯梢,跟踪,直接来到年轻姑娘上街必去的时装店里守株待兔。闪动一双桃花眼,仔细观察这些时装,想象着这些衣服要是穿到他那可爱的小宝贝身上,会是怎样一番美妙景象。

米契科夫心里有本儿色狼猎艳必备手册,小嘉黛身材不肥不瘦,腰围体重全在米契科夫脑海里存档呢,也许就连她自己也没有米契科夫知道得详细。嗯,这件腰身太肥了,根本体现不出我的小宝贝那完美的纤腰;还有这件,简直是给侏儒穿的嘛,我的小宝贝可是发育良好的婷婷美少女,穿这膝盖都不到的裙子算怎么回事。

米契科夫一边想象着这些奇装异服穿在嘉黛身上的滑稽样子,一边一个劲儿地摇头。倒不是这些衣服真有米契科夫心里想得那样差，只是嘉黛在他心中是个完美的存在，不能有一丁点亵渎，所以即使是一点小毛病，也被眼光刁毒的米契科夫一览无遗，就像妖魔鬼怪在火眼金睛之下纤毫毕现，无所遁形，并且把小瑕疵放到显微镜下，无限放大，并在心里鄙视、贬损，腹诽让他心里不由得暗暗得意，越发觉得心中的女人完美至极。

直到一件超凡脱欲的衣服落到米契科夫眼中，使得他眼前一亮，他想，这件衣服要是穿到嘉黛的身上，那还不衬得她曲线玲珑，凹凸有致，长短合度。太好了，就这件，他皱眉：我是先把它买下来，还是等她来试过之后再买呢？

比较一下，米契科夫决定，马上买下来，但是告诉商店经理，先挂起来，他还要再看看，等走的时候一起打包，如果有人想试就让她试好了，他也想看看这件衣服穿在真人身上效果如何。经理当然同意了。

付账的同时，两个年轻的姑娘走进这家时装店，米契科夫眼前又一亮，因为进来的人不是别人，其中一个就是他的嘉黛，至于另一个他已经直接忽略了。他赶忙装作看衣服避开她们，两人的眼光也是很高，米契科夫嫌弃的那几件，人家也没看上，当看到米契科夫已经付完钱的衣服时，另一个姑娘兴奋地说："啊，看这件多漂亮，她简直就是为你量身定做的一样，我们就挑这件吧！"

嘉黛也被这件吸引住了，她说："那我就先试一下吧。"

试过以后，嘉黛十分喜欢，随即要付款买下它，经理为难了，虽然他也认为这件衣服穿在这位小姐身上简直是不可思议的美，但它已经有主人了。所以，经理惋惜地说："对不起小姐，这件衣服有位先生已经付过款了，你若喜欢过几天再来，会有新货，所以……"

"就这样穿着吧，你和这衣服简直就是绝配！"所有人都望向声音来源，毫无疑问,他是米契科夫。嘉黛也认出了他,这不是那个害羞男孩吗? 怎么几天不见就变得这么大胆了。忍不住好奇地看着他。米契科夫眉毛一挑,说道:"好武器定要配英雄,美丽的裙衣必须送佳人。"

"好!"此举不禁令在场的人连连叫好,经理也连忙上前,告诉嘉黛,米契科夫就是衣服的真正主人,不过此时,它已有了新主人。嘉黛一愣,本想说让他转让这件衣服就行了, 可是想到米契科夫开始是那样内向敏感的人,反而不敢说出口,怕伤害到他那脆弱而敏感的自尊。只得道了声谢,接着说:"你一个人怎么会想到买件女孩子的衣服? "

这一问正中下怀,米契科夫连忙答道:"上次在孟席斯先生家见到你就想送你一个小礼物,只是后来有事耽误了,今天见到这套衣服感觉就像是为你设计的,就忍不住买了,没想到你穿上那么合身,所以你也不必感谢,反正,这套衣服本来就是给你的。"

听到这个回答,嘉黛脸上微微一红,说:"不管是你让给我的还是送给我的,我都要表示一下感谢。不如这样,哪天你有空时,我请你吃饭,你可赏脸吗? "

米契科夫连忙点头,说:"我今天就有空,以后就说不准了。"

已经完全融入英国人以茶开始,又以茶结束每天生活的嘉黛小姐要以茶会友。本来她以为米契科夫没有喝下午茶的习惯,原准备先和朋友珍妮小姐饮完茶再赴米契科夫的约会,现在却很想看看他是不是真喜欢喝茶。

米契科夫暗暗得意,等下就让本大帅哥再露一手,让你更加倾心吧。米契科夫提议去里兹饭店的棕榈阁, 这里曾常被英国的黛安娜王妃光顾,还留下了不少传奇。

一进到茶室嘉黛就震惊了,怎么这么古典而高雅的地方,自己从没留意过,米契科夫,一个比她还后到这里的人竟找到了,他的眼光真是太好了,这从他挑的衣服上就不难看出,越接触他,越觉得深不可测。

更震惊的还在后面,米契科夫选的茶点都是最正宗的,有苏格兰奶油饼干、维多利亚松糕、松饼,还要了一种英国西南部才有的特殊烤饼,要加入当地独有的奶油和果酱,看来他是行家啊,一听他要的茶点,连侍者都肃然起敬。

他喝茶时瓷器轻拿轻放,说起话来,轻声细语,听他说起英国人喝茶的趣事,嘉黛入迷了,口中的茶似乎变成了醇香的美酒,令人平添了些许醉意。听他说英国人将舶来的茶和自己出产的牛奶调制成可口的英国茶,清香、可口,调和了两种文化。不知道他本人是不是也是这样,张扬与内敛集于一身。

英国的茶文化是皇室带动的,1662年嫁给英王查理二世的葡萄牙公主凯瑟琳,当年的陪嫁就是200多磅红茶和精美的中国茶具。皇后高雅的品饮表率,引得贵族们争相效仿,人称"饮茶皇后"。

听着他绵绵的嗓音,看着他淡淡的微笑,嘉黛沉醉了。天啊!他知道的可真多,米契科克看到她痴醉的样子,说得更加起劲了。告诉她,最早的时候茶盒被锁起来,钥匙只能由女主人保管,而且只有在宴会待客时才能饮用。然而即使是客人喝剩的茶渣,仆人们偷着拿到街市去卖,还是照样能换回外快的,因为,茶是身份的象征。直到1826年,英国人在印度北部山区偶然发现了漫山遍野的野茶树,茶叶才开始走入寻常人家,从英格兰的多佛到苏格兰的阿伯丁,包括农村几乎全英国都流行了喝茶。

嘉黛悠闲地坐在旁边,静静地倾听着,她不想打断他的话,他们又从茶点聊到英国菜式。米契科夫见美人给自己机会大发议论,当然不会放弃。他说英国人孜孜不倦地发扬茶文化,也许是因为英国的食物在法国大餐和意式美食面前自惭形秽的关系。

英国菜选料简单,烹调简便,大块的牛羊,整只的禽类,或烤或煎,也用铁扒和煮的方法,菜肴制作过程非常简单。调味很少,口味清淡,除了用黄油、奶油、盐和胡椒之外,很少用其他调料,菜肴口味清淡,基本上是原汁原味。典型代表就是:英格兰式煎牛扒、英格兰烤皇冠羊排、煎羊排配薄荷汁、羊肉烩土豆、栗子馅烤鹅、牛尾浓汤。英国是岛国,可是人民却不大吃海鲜。

米契科夫虽然约到嘉黛一起喝茶,但他还没忘记两人还有一次难忘的约会,他在聊天的同时,观察着嘉黛的反应,好准备她最喜欢的菜式。等一下,他还要大秀法国大餐和她家乡布达佩斯的匈牙利美食。虽然法国大餐进餐时间较长,又大耍浪漫,可是如果嘉黛更喜欢家乡菜,那还是顺着她好,浪漫就以后再玩。

想到这里米契科夫说道:"说起使用简单食材和烹调方法也能做出美味菜式的地方,你的家乡匈牙利倒是这方面的行家,而且它跟英国菜不同的是,匈牙利菜并不排斥鱼类,多瑙河、提萨河和巴拉顿湖赐予匈牙利人丰富的水产,所以匈牙利的鱼汤非常出名。"

听到家乡引以为傲的地名,嘉黛两眼灵动着光芒,他没想到这个人这么了解自己的家乡。米契科夫看着她,更加得意了。

他继续卖弄:"匈牙利菜口味偏重,所以不必像其他欧洲国家那样从开胃菜到汤、冷盘、主菜、点心全套吃个遍,只要有汤、主菜和点心味道就很丰富了。还有它在鱼和肉之外搭配当地盛产的水果、蔬菜和调味品,主要以洋葱、番茄和青红椒调味,其中红椒粉和酸奶油是菜中最主要的调味品,无论汤类、沙拉还是肉类菜肴都少不了。

"还有,我非常喜欢匈牙利的甜点,像酸奶干酪面、莉特须水果卷、休姆罗绵绵糕还有匈牙利布丁。不如我们今晚就吃匈牙利菜吧。"

"太好了!"嘉黛姑娘差点失礼,在茶室里兴奋地大叫起来。她赶紧抿抿嘴,小声说:"听你说了半天,我早就馋了。我好想吃匈牙利牛肉汤、甘蓝菜肉卷、红椒鸡、金黄鸡汤还有鱼汤。"

"那不如这样,我们一会去布达佩斯饭店订一全套匈牙利菜,要有开胃菜和沙拉那样的大餐,再订几样咱们最想吃的菜肴,然后就去逛街,逛公园,等饿了就去吃大餐,你看怎么样?"

嘉黛马上就想吃了,可是现在下午茶还没喝完,就已经很饱了,看来只能像他说的那样,出去不停地逛下去,直到走饿了,再去吃大餐。想好了就要买单,因为刚才说好了要请米契科夫吃饭,虽然先到这喝了杯茶,但还是要由她付账的。

米契科夫说:"这顿我请,下顿你请。"说完,就找来侍者结账并付小费。心想:下顿下午茶再由你请吧,晚餐还是我来,让你明天还请下午茶,这样拖下去,天天都能约你吃饭、喝茶,想必你很快就会彻底被我倾倒了。两个人都吃了不少茶点,正好走到布达佩斯饭店去订餐。

看着长长的菜单,两个人都没那么大胃,只能讨论一下再决定,米契科夫没吃过的就由嘉黛告诉他大概味道,他再决定点不点它,反过来也一样,嘉黛不知选哪个好,米契科夫吃过的就给她点意见,这样下来,他们俩关系好像又进了一层。

虽然精简再精简,两人还是订了这么一大串,付完订金,两人非常有默契地沿着马路大走特走起来,很自然地聊到刚才的菜单。

米契科夫说:"看来你平常吃的很清淡啊。"

嘉黛应道:"是的,我从小就喜欢水果和蔬菜,无论是单独吃,还是做成沙拉,或者肉里加一点,我都很喜欢。"

"那你小时候一定很安静吧,肉吃得这么少,肯定跑不动。"

"哈,这你可猜错了,我从小就像匹野马一样,多少人都拉不住,而且直到现在也没多大改变，我不喜欢我父亲的政治理念，可他却逼迫我信服，所以我就像脱缰的野马跑了。"说完还发出一串银铃般的笑声。

米契科夫知道当一个女孩子开始愿意和你聊起她的过去，她的童年，那么这个聆听者在她心中，至少也是个知交好友。

自然美景自有诗情画意，两人在美景中谈谈说说，彼此间心的距离又拉近了不少，渐渐进入"此时无声胜有声"的佳境，就这样静静地走着，什么也不用多说，心上人就在身边，感悟自然的美妙。葱茏的梧桐，缤纷的蔷薇，茂密的草丛，林间的黄莺，花丛的蝴蝶，草上的蜻蜓，流连绚丽的美景，陶醉生命的欢歌，迎面吹来阵阵凉爽的清风，是此时最美好的享受。

渐渐夕阳西下，米契科夫不禁感慨，他对嘉黛说："我曾经记得一段话，不知是谁说的，但就是很欣赏。"嘉黛以眼神示意他说下去。"即便是黄昏的最后一缕残阳也要发出奇灿无比的光芒，那是不甘心陨落与沉沦的最后一次拼搏，也是对至高生命积极热爱的一种追求，它毫不在意自已终究要被青山遮档，也许这就是大自然要告诉给人们的生命真谛！"

嘉黛的双眼迷离了，不知是沉醉在自然的美景里，还是的沉醉在米契科夫动人的话语中，她想一直陪在他身边，这样地走下去，那感觉是多么的惬意，多么的神奇。此时此刻，他们的脸上正焕发着圣洁的光，一段浪漫故事就这样自然而然的发生了。

在伦敦军情六处总部几乎没有什么秘密可言，嘉黛·沙利文小姐住到了米契科夫的房间，已经被人们知晓。看来他们两个是板上钉钉的事实了。她是个不错的姑娘，而且她还能帮到米契科夫。

另一处住宅里，孟席斯太太也对嘉黛说："我当初介绍你们两个认识也是这个意思，他是个很难得的年轻人，你尽量协助他吧！"其实，早在米契科夫发动一波又一波的浪漫攻势的时候，就是个喷火霸王龙也化成一汪水了,更何况嘉黛本就是暗自迷恋米契科夫的少女。就这样,嘉黛来到了米契科夫身边。

米契科夫编造着英国的假情报,还要制作发回情报的密信,英国当然不会扣下他的信件,但是怎么也得让德国看到,情报是怎样的来之不易吧。嘉黛到来后完全承担了制作密信的工作。

英国人在英美战争时有种美军不知道的传送情报技术,就是卡登模板。一般先设定一种模板,写信人把模板覆盖在白纸上,先在露出的地方写上密信的内容,再在其他地方加上不相干的字,没有模板帮助,这就是一封普通的信件。而且,模板和密信可以分开传送,即使有一件被截,密信的内容还是没人能破译,再由写信人重新发一份,不久就可以知道真相。

过去的密信内容都是写入一块沙漏形的区域,嘉黛却尝试每天都变幻模板的形状,她还每隔几行,挖几个或连续,或断开的空隙,正着读,倒着读,翻过来读,一块模板要转动四次才能把信的内容读完。

德国老板看到如此奇思妙想的设计,忍不住又打来大笔活动经费。在物质奖励的刺激下,嘉黛更充满了自信,花费大量时间进行研究,而且她也跟着米契科夫学"坏"了,花德国的钱,要德国的命,这么奸诈又好玩的事情大大刺激了嘉黛的激情。

她还试过用蘸水钢笔分别蘸取柠檬汁、番茄汁、洋葱汁等等,在白纸上写上字,晾干后完全看不出任何痕迹。但是在酒精灯上轻轻一烤,就会有棕色的字迹显现。

因为柠檬汁、番茄汁、洋葱汁会与纸张发生化学反应,生成一种类似透明薄膜的物质,而它的着火点比纸张低,所以一接近火,这些汁液涂过的地方就被烤焦而在纸上显现棕色的字迹。

嘉黛订了好几本化学杂志,看着上面最新的化学试验,凡是能够启发她的灵感的,她都会亲自试验一番。比如:她发现碘酒遇到淀粉就会把雪白的淀粉变成蓝色。

她就试着把淀粉用水化开,蘸着淀粉溶液在白纸上写字,晾干之后也是不留一丝痕迹。但是只要拿一支系棉签沾点碘酒,在纸上轻轻涂过去,蓝色的字迹便立即显现。

酚酞溶液和氢氧化钠溶液兑在一起会变成红色。那就用酚酞溶液写字,读信人用棉签蘸着氢氧化钠溶液涂纸,就能读到红色的字迹了。

当然,邮寄一张白纸也够可疑的,可以在纸背面写上密信内容,在正面写一封普通的信,检查的人只在正面推敲字句是绝对不会发现秘密的。

还有一种读信人看过后还能再次隐藏的密信。密写剂就是浓度为每毫升 0.1 摩尔的氯化钴溶液,氯化钴的稀释溶液是浅浅的粉色,再把它写到纸上,晾干后几乎看不出颜色。

读信时只要对着酒精灯的火焰一烤,纸上的氯化钴就脱水变成蓝色的,就可以读出密信的内容了。而看完信后,只要用香水瓶装的清水轻轻一喷,纸上的蓝字又会消失不见。

还有一次,嘉黛买到了一版假邮票,米契科夫发现了,说道:"亲爱的,如果你用这些邮票来寄你费力写的那些密信,那我恐怕德国那边是永远都收不到你的心意了。"

"为什么? 你看出什么破绽了吗?"

"呵呵,很不巧,刚刚我失手把茶杯里的水溅了些出来,正好洒到你刚买来的邮票上面,我想帮你擦干净,可是意外的是,我拿起它们,却发现它们在阳光下没有它们应该有的水印,不管怎么样,如果你用这样的邮票寄信,英国的邮局可能会把信扣下,因为你涉嫌使用伪造的邮票。"

"啊!原来是这样,可是,我从前并没注意到,两样邮票有什么不同啊。"

二战浪漫曲

米契科夫从书信盒里拿出一封自己收到的信件，上面的邮票盖着邮戳，虽然不能再用了，但是让嘉黛学习一下鉴别真伪，还是可以的。他让嘉黛拿着信封在阳光下看真邮票的水印，这是防伪的标记。

嘉黛看后，大叫："啊！亲爱的，你太聪明了，我怎么没想到还有水印这么好的密信写法，谢谢你给我启发，我要去研究水印技术了。"

米契科夫只能摇头笑笑，去忙自己的工作了，嘉黛已经有点走火入魔了，什么事都能跟她的密信扯上关系。

嘉黛研究后发现邮票的水印是印刷时在上面施加了一定的压力，当邮票再被打湿时，在日光反射下，水印就显现出来了。她知道原理后，就自己试做了水印密信。

她先将几张白纸或浸入水中，或沾水打湿，或用喷雾喷洒，浸入水中的也分先后捞起，把几张湿度不同的白纸，平铺在玻璃板上，再把一大张白纸平整地覆盖在上面。然后就用铅笔，她用的是比普通书写用的墨色更浓，更黑的铅笔，在上面的纸上随便写几个字，写完后把上面的纸张拿走，下面果然有深浅不一的水印，但是在水中浸得半湿的那张，效果最好。

剩下的就是耐心等待，等待纸张晾干，果然什么都没有，再打湿，水印又一次显现，太好了！成功了！嘉黛心喜若狂。但是她并没有满足于此，而是继续开发下去。

她想到从前看过的一个故事：一个富翁去世前写遗嘱要把财产给自己的儿子，但是他后娶的妻子不希望老人的儿子继承，就给老人一支没蘸墨水的钢笔，老人已经睁不开眼睛了，没发现她搞得小动作，结果律师当众公布遗嘱时发现是一张白纸，那么他的妻子也能得到遗产。

但是老人家有个早年博学却因病失明的朋友，他用手一摸所谓的白纸，就知道老人的遗嘱就在上面。他让人用铅笔在白纸上都涂上黑色，但是不能太用力,结果,纸上除了有字的部分还是白色外,其他的地方都成了黑色,于是真相大白了。

后来他解释道:"虽然老人用的钢笔没蘸墨水,但是笔尖还是把白纸压出了痕迹,有字的地方,和空白的地方就不在同一个平面上了,无论是把空白涂成黑色,还是用细土或者黑灰填满字迹,都会清晰地显现或白或黑的字迹。要不因为这是我老朋友最后的一点字迹,一把土洒上就能解决了。"

嘉黛什么事情都不轻信,都要自己做过经过检验才放心。何况这只是她从前不知从那里看来的一个故事。经过几次试验,她确定这个方法,和水印方法都可以作为新开发的密写技术加以推广了。

她作为米契科夫的左膀右臂,不只要帮他开发各种密写技术,制作密信,还要包办给转信人的明文信,偶尔还要编些密码信。当然,还有照顾他的生活起居,毕竟,无论在外人眼中,还是实际情况,他们已经是非常亲密的情侣了。

他们不仅是外人眼中的情侣,还充分利用这个关系,参加社交活动。而伦敦的名流举办宴会时,也不忘给这对爱出席宴会的亲密情侣发出邀请。无论是正式晚宴,还是家宴、便宴、生日宴,嘉黛都拉着米契科夫出席。

米契科夫着装一向是颠覆传统,大胆创新、鹤立鸡群、独树一帜,绝对是他一贯的风格,他喜欢那被艳光四射的美女关注的感觉。但是要出席人家的宴会,只能穿着永恒不变的主题:那就是简单、精致、高贵、典雅,以黑色为主,任何表现都以对其他人尤其是主人的尊重为主。

虽然女士的着装也以正式色彩为主,但是式样就比较多样化,只要搭配得合理,就没有人挑错,而且这种场合往往是女士大秀自己收藏的名贵珠宝的好时机,这样的场合往往衣香鬓影,冠盖云集,珠光宝气,穿得太素雅,本身就和宴会大气派的场面不般配。

全欧洲的宴会的都是这样,不独英国如此,这样见报几次说不定德国那边奖励他打入上层交际圈,再汇来几笔活动经费都是大有可能的。而且,这种宴会的规矩是没有单独出席的,只允许携眷出席,那置办点珠宝首饰都是合理的。就这样,恩爱的情侣米契科夫和沙利文就在伦敦的社交界活跃起来。

这个层次的宴会绝对是对个人修养和礼仪的检验,米契科夫本来就是个声誉不错的律师,见惯了上流社会的迎来送往,他自己家里每年举办的宴会不知有多少有面子的人,打破头往里挤,当主人的次数比做客的次数都多。他的谈吐学识,细节品味,风度气质,倾倒多少来宾啊,以至万一哪场宴会没请到米契科夫做客,主人都有点不好意思。

跟他出则成双,入则成对的嘉黛·沙利文,也是备受注目的嘉宾之一。她除了美艳动人之外,还有一种天生的艺术家气质,而宴会往往都是在风景如画的别院露天场地,或者室内布满雕刻画像的地方。她的艺术修养深厚,往往一语道出哪件作品是哪位名家的手笔,而且,即便不是很出名的艺术家作品,她也能说出作品足以流传永久的点睛之处。还有她对园林的独特见解,哥特式、拜占庭式、洛可可式、巴洛克式等不同风格的建筑,孰优孰劣,她都了然于心。

他们谈吐大方,毫不娇柔造作,在这里备受欢迎,凡是他们感兴趣的话题,大家都各抒己见,毫无保留,希望能被大家认同。米契科夫他们出席完宴会,回到家里就互相提问,看哪些可以作为发回德国的情报。

这段时间里,无论是米契科夫还是嘉黛,都过得非常愉快,有最心爱的人陪伴在身边,在家里互相扶持,在外边被人称道,他们的感情牢不可破,但是不能安于现状,今天努力创造的一切,不仅仅是为了编造一些假情报,骗德国几个小钱花,其最终目的是要米契科夫回到德国情报机关里,打入他们的心脏，而不是像现在德国所期望的"打入敌人的心脏"。

在上司同僚想方设法帮助米契科夫回到里斯本的时候，他和嘉黛的离别就开始进入倒计时了。尽管两人都知道，为了大业，分别是不可避免的。

既然必须要分开，那就好好珍惜在一起的时间。嘉黛放下心中的儿女情长，继续为密信、密码忙碌起来，现在为了让米契科夫早日回到里斯本，他们要编造更加庞大的假情报才行。

"亲爱的，我知道你心里舍不得我离开，我正计划把你也安排到德国情报机关，你虽没经过太正式的考验，但是英国这边是完全信任你的。如果你正式加入军情六处，再隐藏身份加入阿勃韦尔，这样，我们可能会并肩战斗在最前线。只是，危险也更大，你没有在敌人那边打过交道，不知道他们的阴险，随便的问候、闲聊，都可能是挖好的坑等你跳。你害怕吗？"米契科夫对嘉黛说。

一行眼泪从嘉黛美丽的脸庞流下，她答："你还不了解我吗？只要能跟你在一起，我不怕烈火刀山。"

"可是，这是间谍工作，不是小孩子过家家，这里面的水有多深，我也不敢保证自己就能履险如夷，更不知道能不能保护你。不管你最后的决定是什么样的，我都会尊重你的选择，但是我只是请求你，不要草率答复我，你要仔细考虑，一定要经过深思熟虑才行，这可能是决定你未来几年的路，也可能就是你一辈子的路。"

"尤其是不能因为顾虑我，而改变你的初衷，你的父亲是个纳粹中坚分子，即使在最黑暗的时候，你也不会有危险的，而你本人的表现，即使不用我作证，进步的力量不会把你当做敌人。也许战争结束的时候就是你我再次相聚的时候。"嘉黛道："我想加入你们的组织确实有你的影响在里面，但又不是完全为了你，我有理想，也有为自己理想努力实践的愿望。

孟席斯少将慎重考虑再向阿勃韦尔派遣间谍的计划。嘉黛的表现非常棒，而且在思想上亲近英国，其工作能力也令人们赞不绝口，只要通过一次正式的通关手续，她就算是军情六处的情报员了。而且她的父亲是德国不可小视的人物，正如她所说，这就是最好的掩护，经得起敌人的检验。

英国这边已经达成共识了，接下来米契科夫会想尽办法让嘉黛成为间谍。

嘉黛继续忙着把米契科夫的天才假想，编制成密信，他们这个情侣档为卡斯索夫提供了数量庞大的伪情报，而且唯恐情报太少，细节不够详细，物证体积不够大，最后，物证竟然大到不方便邮寄，迫使卡斯索夫早日调米契科夫回里斯本。

功夫不负苦心人，德国那边终于按捺不住，召米契科夫回到德国情报机构述职。接到消息时，米契科夫心中涌起临战的兴奋与激动，只是当他看到嘉黛强颜欢笑，驱车为他送行时，心里又像被什么揪住一样。原来，心真的会痛。爱过，才知道自己是脆弱的。

分别的时候到了，米契科夫紧紧拥抱着嘉黛，特工应有的理智却提醒他们：间谍的生活充满了变数，有如潮起潮落，生离死别本就平常，战争年代人与人的关系更加微妙。爱过就可以无悔，爱的瞬间就是永恒的美。但是，那样的永恒只是特定的时空抽象的存在，在那之后又将如何，谁也无法预知。

"我的整个生命和全部的精力，都献给世界上最壮丽的事业——为人类的解放而斗争。"之后的日子，米契科夫继续他的间谍工作，并取得了一次又一次的成功。

米契科夫的一生是传奇的，他将纳粹德国发展火箭、德军战略部署以及国内防御等方面的重要情报源源不断地报告给英国，而作为双面间谍，他也曾为纳粹德国提供大量的情报。当然这些情报都是经过英国军情六处精心挑选的希望纳粹德国知道的情报，另外还有经过他天才的假想，综合虚虚实实的消息。

西方谍报界赞誉他是最勇敢、最快乐的谍报天才；但是他的上司，军情六处的第三任长官斯图尔特·孟席斯少将却用赞叹的口吻指责他"太诡计多端"；英国将军皮特里曾经说过："米契科夫一个人牵制了 7 至 15 个德国步兵师，差点改变'二战'进程。"

神秘的间谍们为加快结束战争作出了突出的贡献，唯有正义的力量是不可战胜的，米契科夫恰好站在了正义的一边。

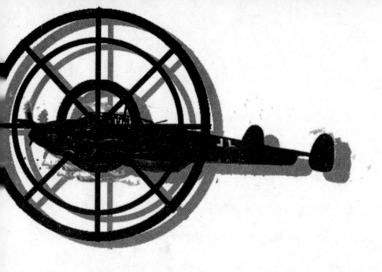

珀尔·维什林顿

2006年,经英国军方表决,决定授予珀尔·维什林顿皇家空军的翼型勋章,这是英国军方最高荣誉的象征,92岁的维什林顿在兴奋中注视着这熠熠生辉的勋章,她伸出枯瘦的手,那曾经是一双握过各种枪的手,弹无虚发,百发百中。她就用这样一双手,抚摸着这枚勋章,如获珍宝。

第二次世界大战期间,间谍数量庞大到常人难以想象的程度。珀尔·维什林顿就是其中的一名女间谍。

1914年6月,在法国巴黎一个英国移民的家庭里,多了一个活泼可爱的小女孩,懵懂的眸子里满是稚气。之后,她又相继多了三个妹妹。生活虽然清贫,却不乏乐趣。

1940年法国首都巴黎被德军攻占。德军入侵法国后,残酷的战争打破了人们平静的生活,也改变了维什林顿的命运。母亲不忍看着丈夫被德军抓去充当壮丁,便想带着孩子们逃离法国,而就在他们准备出逃的时候,悲剧发生了。

倔强的父亲因不愿为德国做事,被德国士兵开枪打死。维什林顿眼睁睁地看着父亲死在了德军的枪口下,而又无能为力,这给维什林顿幼小的心灵以极大的打击,同时,她的内心也萌生了一个远大的志愿,那就是:要为惨死的父亲报仇,要为这个国家中颠沛流离的人民做些事情。

初涉谍海

父亲死后,母亲忍着巨大的悲痛,带着孩子从法国逃往英国。这一天,维什林顿独自一人要了一杯咖啡,在靠窗的位置坐下。望着窗外来往的行人,她不知道,他们都在忙些什么,为什么脚步那么匆忙,连欣赏街边美景的时间都没有了,自己却有着这么悠闲的时光,坐在这里百无聊赖。忽然,一个弯腰驼背的老人出现在她的视线里。老人手里拿着一只破碗,正在沿街乞讨。这不禁使她想起好久以前认识的那个乞讨者——她的朋友之一。"不知道他现在可好?"

"嗨,维什林顿,怎么你也在这里?"一个似曾相识的声音不禁使她抬起头来。

"哦,怎么是你,曼斯菲尔德?"维什林顿吃惊地问道。来者正是她刚刚猜想的那个人。

"因为你在这里,所以我也在这里啊。"艾比格尔·曼斯菲尔德很风趣地答道。维什林顿看着他,这个男人和以前的精神状态没什么两样,有种邂逅的感觉。但是艾比格尔·曼斯菲尔德已经没有了胡须,人显得非常年轻。当自己还是一个小女孩的时候,是曼斯菲尔德让她第一次接触了武器——枪。那时他们是邻居,人们都不喜欢这个衣衫褴褛靠乞讨为生的中年男人。一次,曼斯菲尔德生了很严重的病,小维什林顿对其细心照顾,最后终于使其恢复健康,为了表达对女孩的感谢,曼斯菲尔德送了女孩一个特别的礼物——枪。此时,维什林顿的眼神里忽然充满了一种难以言喻的悲伤,她想起了自己小的时候,没有战争,没有侵略。梧桐树高高地伸展着,阳光挤进树叶间,落下来一片温暖。可这些都不复存在了。那段逃亡的日子多亏好心人帮忙,维什林顿的母亲和几个妹妹在英国才有安身立命的地方,而自己也已经有了一份稳定的工作。这里比她们想象中的还要更加安全。

"非常抱歉,我也听说了你父亲的事,我希望你可以坚强起来。"艾比格尔·曼斯菲尔德把椅子挪开,端着一杯咖啡很自然地坐了下来。"难道你也是逃亡过来的吗?"维什林顿好奇地问。一个流浪的人在哪里生活都无所谓,但是维什林顿奇怪,法国真的连一个乞讨者都容不下了吗?"哪里需要我,我就到哪里去。我是自愿的,不同于你,是被迫到此。"艾比格尔·曼斯菲尔德的语言很深奥,维什林顿一时也没弄明白是怎么回事。她张了张嘴巴,想说话,却又不知道说什么才好。

"我不会让我的父亲就那么白白死去的。可恶的战争!"维什林顿使劲地搅拌了几下咖啡,恶狠狠地说道。提到父亲她的内心无比伤痛,像有千万把刀子往心脏上扎。

"你现在怎么能办得到呢?"曼斯菲尔德有些同情却又很失望地说道。"是啊,我现在没有办法。不过,只要我成为一名军人,就完全可以实现我的愿望!"维什林顿望着曼斯菲尔德思索了一会儿,很坚定地说道。

"如果你真的那么想为你父亲报仇,我可以帮你。"曼斯菲尔德狡黠而又神秘地说。

"你要知道,我仅仅是为了给父亲报仇这么简单。你?我的曼斯菲尔德先生,别逗我开心了。"维什林顿不太相信。他一个靠乞讨的老头儿,还能帮上谁什么忙呢?他恐怕连自己都照顾不了。维什林顿的眼神里满是怀疑,满是不屑一顾,她不停地摇着头,表示否定。

"难道你还想当将军吗?"曼斯菲尔德也有些疑惑了。在他看来,维什林顿只是一个女孩子,她会有什么更远大的抱负呢? 无非是想将来嫁一个好人家。

"谁说我不可以呢? 不想当将军的士兵不是好士兵!"维什林顿一副很认真严肃的样子。她的眼神里透露着一种高傲的态度,好像她即将成为一名战士,正在向将军这个崇高的职位努力。

"哦? 是吗? 那太好了,原来你想当女中豪杰啊。恕我眼拙! 那我更想要帮助你了。"曼斯菲尔德异常兴奋,他竟然高兴得连说话的声调都变了,简直是眉飞色舞。维什林顿看到他这个样子,乐得差点将喝到嘴里的咖啡喷出,她一句话也没能说出来,只顾着双手拄着下巴,呵呵地笑个不停。

"嗨,小姑娘,我可不是跟你开玩笑,我说要帮助你,是真的。你见过我跟你开玩笑吗? 如果可以,和我去一个地方吧,我会让你实现你的愿望。"艾比格尔·曼斯菲尔德先是很郑重地说完前半句话,然后又压低了声音,像是怕被别人听见似的,说完了后半句。

不知道出于什么原因,维什林顿总是非常信任这个人,可能是因为在维什林顿童年的时光里,这个男人扮演着和她父亲相似的角色,教过维什林顿许多做人的道理,当然,他还教会了维什林顿怎么打枪。

"我们什么时候去? 现在吗?"维什林顿止住了笑声问道。

"是的,就现在。"曼斯菲尔德说着,快速地喝完杯子里的咖啡。准备起身要走。

"好吧,我们走吧。"维什林顿随着艾比格尔·曼斯菲尔德走出咖啡馆,穿过繁华的街道,转过两条人群稀少的小巷,又向右转了一个弯,眼前出现了一扇破旧的大木门。曼斯菲尔德慢慢悠悠地从兜里摸出一串钥匙,打开门上那把生了锈了大锁,迈步进去。

破旧的小屋,屋里简单地摆设着几件家具,这便是是艾比格尔·曼斯菲尔德的家。

"你想怎么帮我啊？"维什林顿先开了口，她并不清楚艾比格尔·曼斯菲尔德带她来的真正目的。他没有说话，坐在了靠窗的椅子上沉默着。

"为什么不说话，很为难吗？"维什林顿看着曼斯菲尔德感到疑惑。

"你是知道的，当兵打仗是很危险的事情，我有些担心你。"曼斯菲尔德好像有些顾虑。

"自从我亲眼看到父亲的死，我就不再害怕死亡。"维什林顿很坚定地说。目光里满是期待。

"我希望你可以继续我的工作，这是个光荣而伟大的职业。但它比当兵打仗要危险得多，也比当将军要荣耀得多。不过，我向你保证，它一定能够让你实现你的愿望。只是，一旦你决定了，就不能再退缩，你只有下定决心我才会告诉你全部。"曼斯菲尔德说这些话的时候，目光突然变得锐利了，这双眼睛在维什林顿看来，不应该长在这样一张脸上。他的目光深邃而又神秘莫测。

"我说过，只要能实现我的愿望，做什么都可以。但前提是不能伤害无辜的生命，不能背叛国家。"

"好，你说吧，我决心干了。"维什林顿想，只要能给父亲报仇，能杀掉那些侵略者，做什么都可以。

"你未来的工作就是要将敌人的军事情报在神不知鬼不觉中为己所用，为我们所用。"曼斯菲尔德停顿了一下，看了看维什林顿的反应。

"哦，你是让我做间谍吗？"维什林顿并没有表现出很惊讶，反而一语道破了这份工作的实质。

"那你还愿意做吗？"曼斯菲尔德反问道。

"当然愿意，你说吧，怎么做。"维什林顿很严肃地说，好像她原本对间谍这个职业很了解一样。是的，维什林顿一直呆在英国空军的办公室里，每天他都感觉到无所事事，前方不断传来战士们战败或者是胜利的消息，心情随着战事的改变而起伏不定。她很焦急,希望自己能够成为一名战士,到战场上去拼杀,哪怕是牺牲,也比在这里穷极无聊好得多。

军事报刊上,经常会刊登一些关于间谍的故事。她一直非常羡慕,梦想着自己有一天也能像他们一样,穿上黑色的风衣,戴上副墨镜,神出鬼没地出入各种行业,进入到各种环境,她向往这个职业的神秘性和挑战性,因此,她毫不犹豫地答应了。

接着,曼斯菲尔德告诉维什林顿,她只是通过了第一关筛选,还要通过进一步考核,才能确定是否符合条件。他们的组织要深入地了解维什林顿,包括她的出身,背景,以及所有的家庭成员和亲属的职业等。曼斯菲尔德让她继续回到工作岗位,等候消息。

善良是一种大爱,她如一缕温暖的阳光,不仅抚慰着亲人,也抚慰着其他需要温暖的人。善良的力量竟如此之大,能够改变一个人一生的命运。如果没有维什林顿小时候的善良,她就不会认识眼前的这个人,如果没有她的善良,这个看似乞丐的小老头儿,也不会在那么短的时间内,就暗中帮助维什林顿坐到了英国空军的办公室里。此时,维什林顿才明白,原来这一切不是巧合,都是有意的安排。

通过和曼斯菲尔德简短的交谈,维什林顿才如梦方醒。年幼的维什林顿曾认为,艾比格尔·曼斯菲尔德是最具有同情心的人,他总是去喂养那些看似无人看管的鸽子。原来,这只是一种假象,喂鸽子只是艾比格尔·曼斯菲尔德的一种掩饰。他的鸽子和普通的鸽子不同,那些鸽子都是受过良好训练的信鸽。它们可都是国家的功臣。

回到自己的住处,维什林顿一夜未眠,她在幻想着自己未来的人生之路。

英国情报部门经过严密的调查,决定同意维什林顿加入组织,她的间谍生涯就这样开始了。

特殊的培训

在特殊的培训机构里,维什林顿进行着间谍技能培训。虽然课程安排得非常紧张,但她通过刻苦努力,依然取得了骄人的成绩。即将毕业的每一次实践课,都是为谍海生涯积累资本的机会。维什林顿当然不会错过,她早已暗下决心,不仅要成为教官所说的"最优秀的战士",还要成为"无可替代的战士"。令维什林顿感到意外的是,上天对她竟如此厚爱,让她在毕业前的混合训练中,邂逅了人生知己,从此维什林顿不再是一个人默默地承受间谍生涯的五味杂陈。他的名字叫——亨利。这段缘分将伴随着维什林顿一直到老。

"学员们,今天我们将有特殊的任务。"所谓的特殊任务其实就是指化妆术。测试中包括将所有的学员混合,乔装成不同的人物,然后,由每一个人还原所有的人,谁还原得最多,谁的分数最高。

当学员们准备完毕,重新列队在训练场上。他们全都变了模样:老态龙钟的老人、衣衫褴褛的叫花子、朴实厚道的农民、医生、军官、浓妆艳抹坦胸露背的舞女、高贵典雅的贵族小姐、富足的老太婆、低三下四的佣人等。

测试的结果还是十分理想的,而经过乔装变化最大的应属维什林顿,她扮成了一个跛脚的老叫花子,一手挂着拐棍儿,一手拿着一只破碗,头上戴一顶破帽子,脸上黑一块青一块的,嘴角还略微有些歪斜。这个形象与先前一头金色卷发、皮肤白皙如奶、双腿美丽修长的她,简直是判若两人。同样出色的还有一个男学员,他叫亨利。他乔装成的富足的老太婆,最终也没有人分辨出他的真实身份。

　　教官将维什林顿和亨利两个人作为典范,让他们给学员讲解怎么利用化妆术才能达到"以假乱真"的程度。当亨利一出场,所有人的目光"唰"地一下被他独特的气质所吸引。声音磁性而洪亮、思维灵活多变、语言条理清晰,还有那伟岸的身躯。维什林顿眼前一亮,她被深深的吸引了。

　　亨利的讲解结束后,维什林顿上场,她在不轻易间竟发现亨利深邃的目光也在专注着自己,与他眼神碰撞的瞬间,脸颊竟然泛起了羞涩的红晕。而亨利那严肃的面孔竟然没有掩饰住微微上翘的嘴角。他分明已经看清了维什林顿脸颊上红晕的含义。就这样,一段浪漫的爱情故事就这样开始了。从这以后,亨利和维什林顿开始秘密约会,感情迅速升温。共同的理想和事业让他们很快成为了心神相依的伴侣。当然,他们的感情是地下情,因为学校对此有明确规定,男女学员不得谈恋爱。

　　俗语说"要想人不知,除非己莫为。"正当维什林顿和亨利沉浸在二人世界中的时候,学校发现了为个秘密。他们不得不分开,一段浪漫的爱情就此戛然而止,但二人彼此的爱意却永驻心田。

　　距离培训结束的日子越来越近。各项考核紧张地进行着。维什林顿每一项成绩都令教官刮目相看,她智力超群,体能潜力也有待于挖掘。对炸药的专研精神是整个特训学校里最突出的一个,无人能及,就连特训学校的校长都钦佩不已。正因如此,维什林顿不久后便担任了一项特殊的任务,为赢得战争的胜利做出了不可磨灭的贡献。但是现在,她必须通过最后这项考验。其实,对于其他人,这只是一项智商方面的测试,而对于维什林顿却不一样,这不仅是单纯智商的测试,还有情商的测试。她要走出思想的困惑,才能够担当重任,她能吗?

　　湛蓝的天空中没有一片云朵,太阳光柔和而温暖,它用那硕大的手掌抚摸着大地。偶尔有一阵风吹过,将北大西洋海水的味道带入人的鼻孔,咸咸的,却很新鲜。维什林顿早已经习惯了这湿润的空气。

这是特训部最后一次男女混合训练。维什林顿下意识地向男队员的队伍中扫视了一圈,都是一些陌生的脸孔,而那个曾经熟悉的身影没有出现,虽然这早已在她的意料之中,但心底的失落感不禁升腾。

女教官声音洪亮,她宣布着测试内容。这是一次智能的测验,是考验一个人在身无分文的窘境中,如何借助和利用外部的条件,随机应变,将手中的"情报"安全地传递给"秘密接头人"。每个学员都以这个训练场地为起点,出发,先进入伦敦市中心,途中要经过帕特尼桥、泰晤士河、坎宁镇,然后回到终点——训练场地。

每个学员所传递"情报"的内容各异,与每个学员"秘密接头"的人也不同,他们躲在学员所途经的每一个"秘密联络点"的角落里,扮演着不同形形色色的人。学员要通过甄别,对接暗语的方式,找到"接头人"。然后将手中的"情报"递交给"秘密接头人",之后,再将"秘密接头人"手中的"情报"带回到"大本营",亲自交到教官手中。

此次测试的规定期限为三天三夜。学员要在不违反任何一条规则的前提下,如期返回,并将取得的"情报"如数带回。如有延期者,或者有"情报""秘密联络点"遗漏者,都将视为不合格。

从训练场地到伦敦市区,其实不过只有一两个小时的路程,如果乘车、乘船经过这几个地点,走一个往返也就需要一两天的时间。但是,对于一个身无分文的普通人,就算不去找所谓的"接头人",也将是一件有难度的事情。

现在教官最担心的是维什林顿。她精明干练,心思缜密,足智多谋,勇敢果断。在专业上,她对每一项技术都精益求精;在人际上关系上,她善于察言观色，能够掌握对方的弱点，调动他人的情绪。然而，她在对待个人感情上，却在不应该投入的时候，深陷其中，为情所困，无法走出自己内心的牢笼。这不免令教官有些担心她这种心理上低落的情绪会影响到她这次任务能否顺利完成。

出发的时间到了，维什林顿在思考任务怎样完成的时候。眼前一片空旷，远处群山环绕，峰峦叠嶂，绿树成荫，在薄雾的笼罩下，显得是那么的神秘莫测，群山深处曾是他们训练的场地，那里留下了他们的汗水和泪水，甚至那里的一草一木都早已经熟悉，而今举目远眺，还真是别有一番感慨。正走着，维什林顿感觉到脚下的土地有轻微的颤动，她抬眼望去，远处有一辆货车正向她们驶来。这个空旷偏僻的地方，很少有车辆通过，这么好的机会怎能放过。

"姐妹们，准备好，上！"和她同组的两个姐妹飞速奔跑，一跃而起，抓住货车的后拖车边缘，登上了车体。

大概行驶了一个多小时的路程，三个人站在车子上，远远地已经看到了繁华热闹的伦敦市中心。接下来大家要各奔前程了，简单告别后，三个姑娘各自盘算着怎样才能以更快的速度回到大本营——训练场地交差。

伦敦市区内人头攒动，热闹非凡，街头巷尾，叫卖声彼此起伏，接连不断，不绝于耳。街上的商品琳琅满目，教人眼花缭乱，应接不暇。维什林顿走进了公共厕所，换了一身墨绿色的长裙，发髻盘在脑后，头戴一顶遮阳帽，胳膊上挎着一款精致的女士坤包，俨然一副贵妇人的扮相。维什林顿被人群拥挤着，机械地移动着脚步，她锐利的目光在华丽庄重的衣着上扫视着。她挤过人群，向一个商人模样的人靠拢。

她仰着头，故意不看脚下，两个急匆匆赶路的人，拨开人群向前挤着，维什林顿随着别人推搡着自己的惯性，一个趔趄撞到了那个商人模样的身上，商人下意识地伸手扶住维什林顿，却跌落了手中的包，维什林顿赶紧蹲下来，帮那个人捡起才包里散落在地的文件。口里还不好意思地连连说："真是对不起您了，先生。您仔细检查一下，看看东西少了没有。"

"不，没关系，夫人，您没伤到吧。"商人模样的人关切地问着。

"我没事，真的。您看——"维什林顿走动了几步，证明自己真的没事，然后，将手中的文件递给那个商人模样的人。

看着商人模样的人走远，维什林顿数了数手里的钱，3 天的费用足够了，应该是绰绰有余的。这些钱就是在刚才，她蹲在地上将捡起的文件递到那个商人模样的手里的瞬间，从他的内衣口袋里偷来的。这种小伎俩，维什林顿是不屑使用的，但是为了节省时间，这的确是个不错的途经。

费用的问题就这样轻而易举地解决了。维什林顿乘上公共汽车，开始向另一个目标——帕特尼桥出发。车子很快到达了目的地。维什林顿下了车，站在原地没有动，她做出了等车的样子，四处张望，其实她是在寻找着与她"接头"的人。看到桥上车来车往，桥下人来人往，并没有什么"可疑"的人。维什林顿慢慢向桥下走，突然发现桥下有一位花白胡子，花白头发的老人，拄着拐杖，手里拿着一只破碗，正向路过的人乞讨着。维什林顿走近老人，从衣兜里拿出钱，放到老人的破碗里。

老人从衣袋里拿出一支笔和一张卡片，让维什林顿在卡片上签字，维什林顿接过老人手中的笔，在卡片上写下了自己的名字——"艾琳娜"。

"多么漂亮的字，既潇洒又有力度"，老人一边夸奖着，一边将一张折叠着的字条递给维什林顿。维什林顿知道，这就是她所要递交给教官的"情报"，她必须保存好，如果丢失，将视为遗漏地点。

第一份"情报"取的真是顺利，维什林顿看看表，已经过了午饭时间，有点饿了，先弄点吃的东西，再继续赶路。

正当她匆匆地走着,发现在一个桥墩下聚集了很多人,都在议论纷纷。因为维什林顿觉得时间很宽裕,就凑过去想看看到底发生了什么事情。她拨开人群,看见地上蜷缩着一个人,衣衫不整,蓬头垢面,在他的身旁还有斑斑血迹。

"这个人怎么了?"维什林顿好奇地问旁边的人。

"不太清楚,有人说是被车撞了,有人说是抢东西被人打得。"她走过去,看看能否联系上他的家人。她蹲下来问:"你伤到哪里了?还可以动吗?你的家人在哪里,能告诉我吗?我帮你联系他们。"躺在地上的人,好像是听到了维什林顿的问话,微微睁开眼睛,用微弱的声音说着话。声音小的几乎都听不见,维什林顿只好单腿跪地,俯下身躯,想要将耳朵凑到他的嘴旁。

就在维什林顿俯下身的时候,她发现了这个人脖子的一块用红丝绳穿着的翡翠,翡翠上面刻着维什林顿的名字。维什林顿很惊讶,她慌乱地拨开了挡在这个人脸上的头发,猛然发现,这个人竟然是亨利。

"啊,怎么,怎么会是你? 你,你怎么会在这里? 亨利,亨利,亨利你醒一醒! 这到底是怎么回事?"维什林顿使劲摇晃着躺在地上的亨利。她有些不敢相信这是真的,她不知道是福还是祸。一股热血直冲到头顶,她顾不了再多想,连忙叫看热闹的人帮忙,将亨利架到桥上,维什林顿站在桥头,拼命地向过往的车辆挥手,希望有车停下来,终于有一辆小货车被拦下,维什林顿说明情况,司机同意带他们去医院,但要被要求付钱。她只好拿出一部分钱给司机。

经过医生的检查确定,亨利暂时没有生命危险,因为几天没有吃东西,身体严重脱水,需要大量补充营养。维什林顿将剩下的钱都给了医生。可是,如果使亨利完全康复,这些钱是不够的。她只好又来到大街上,寻找目标,趁机下手,这次偷的钱比较多,完全够亨利修养身体的了。

待她回到病房,亨利已经醒了,他好奇地问清事情的原委才安下心来。维什林顿特别想知道亨利怎么来到桥下的,到底是被车撞了,还是被人打了。有很多疑问在她的脑海里打转,看到亨利憔悴的面容,已经失去了往日的风采,那失神的眼睛,也不再放出炯炯有神的光芒,维什林顿还是将到了嘴边的话咽了下去。而亨利对于自己的事情也是只字不提,神情略显淡漠。维什林顿为了逗亨利开心,讲各种各样的笑话,但他依然板着脸,不说话,目光呆滞地看着别处,这让维什林顿很伤心。

夜深了,亨利早已经酣然入睡,看着他安静的样子,听着均匀的呼吸,维什林顿不禁鼻子一酸,眼圈红了,她想起了以前和亨利在一起的那些快乐甜蜜的日子。而今的他,却让自己感到遥不可及,多了一些陌生感。到底发生了什么事情,让亨利有了如此大的转变? 维什林顿百思不得其解。

任何痛苦和磨难都阻挡不了黎明的到来。阳光灿烂地照进窗子,照在床上,照到亨利脖子上那块翡翠上,发出熠熠耀眼的光。维什林顿用手抚摸着那块翡翠,"这么坚硬的物体都能雕刻,使其改变,还有什么是不能够被改变的呢?"想到这儿,她的心纠结了一下,竟然隐隐作痛,似乎有什么事情即将发生。继而她又安慰着自己:"不会的,亨利就在我的面前,他不是很好吗?"

"你怎么了?"亨利睁开了眼睛,握住维什林顿的手。看着她呆呆的眼神,关切地问道。维什林顿终于又听到了那久违的温柔的声音,她立刻回过神来,喜出望外,眼角向上翘起。

"我很好,我在等你醒来一起吃早餐。"

等维什林顿买早餐回来,病床上空空如也,病房里所有的东西都几乎没有动过,只有病床上的那个亨利不见了踪影。维什林顿伸手摸了一下床铺,床上还有些残留的余温,好像亨利刚刚离开。她将吃的东西放到桌子上,竟情不自禁地"扑哧"一声笑出了声。心里暗暗想着:"哎,自己真的是有些太过紧张了,只不过是去了卫生间而已。一会儿就回来了。"她坐到床边,将餐点摆放好,等待亨利回来。

10钟过去了,15分钟过去,20分钟过去了,亨利还是没有回来。维什林顿这才意识到刚才的担心不是多余的。她急匆匆地跑到了卫生间,喊着亨利的名字,可是里面静悄悄的,没有人回答。这时候,护士走过来,对她礼貌地说:"小姐,抱歉,请您小声点,这里的病人需要休息。"维什林顿为刚才的失态而感到有些羞愧,急忙给护士道歉,并询问护士是否看见了像亨利那样一位先生,护士摇了摇头,表示没有看见,爱莫能助。

看着空荡荡的病房,维什林顿突然有些莫名的伤感和恼火,她像做了一场梦一样。在房间里游荡着。之后,不知道怎么走到了街上,被来来往往的行人挤撞着。她的目光在人群中搜索,希望那个熟悉的身影能再次出现,可是看到的都是些陌生的面孔。

思考良久,维什林顿最终决定放弃寻找,因为她任务在身。吃过饭,维什林顿将自己重新打扮一番,换了身水粉色的长裙,将盘在头上的长发披散下来,恢复了原本的充满朝气而又富有魅力的维什林顿。

终于,她看到了学校的大门。威严的教官正在那里等待着队员。

"报告教官,这,这是我的情报,艾琳娜,艾琳娜请求归队!"维什林顿已经汗流浃背,气喘吁吁。

"好,艾琳娜归队。"教官接过维什林顿手中的"情报",叫维什林顿归队。

"亨利出列!"随着教官的一声命令,亨利走出了队列。维什林顿惊讶地睁大了眼睛。他怎么会出现在这里?

"艾琳娜,你一定很想知道这到底是怎么回事吧,那么亨利,现在由你来告诉她事情的真相。"正当维什林顿一头雾水的时候,教官让亨利将谜底揭开。她瞪大了眼睛,等待着答案。

"是,教官!"亨利答应着。

"事情是这样的。"亨利继续说道。

原来之前亨利离开特训学校是个假象。教官让亨利离开,是对维什林顿的一个考验,教官想测试她是否能够正确对待感情与事业的关系,能否有效处理突如其来的变化。

教官特意安排亨利佯装受伤,与维什林顿在帕特尼桥下偶遇。如果她毫不犹豫地去救亨利,而不考虑归队的时间,那么只能说明她对于事业的热衷程度还不够,然而,维什林顿没有让学校失望,在规定的时间内顺利完成了任务,从这一点可以看出,她已经可以把握感情与事业之间的关系,将两者之间处理得很好,教官原来的担心是多余的。

黎明送走了黑夜,操场上再一次响起了集合的铃声和铿锵有力的脚步声。集合,整队,列队,报数,敬礼。这是在特训学校里最后一个军礼,敬过这个军礼,他们将各奔东西,去往不同的国家和地区,执行不同的秘密任务,他们深知,此去前路漫漫,凶多吉少,九死一生,恐怕今生不会再聚,为此,这个军礼敬得庄重和严肃,停留时间如此之长。

接下来的时间,维什林顿正式开始了她的谍报之路。这一天夜里,飞机不停地穿梭在云层中,机舱里若明若暗。维什林顿闭着眼,似睡非睡。

机舱内空气沉闷,没有一个人说话,有的人在睡觉,有的人安静地望着窗外。天空之下漆黑一片,几乎什么也看不见。

"哎,我叫沃伊蒂瓦,你叫什么名字?"终于有人忍不住开口说话了,是纯正的女中音,粗犷中略带些许沙哑。

"我叫柏妮丝。"一个柔美的声音回答道。这声音里似乎带着甜丝丝的味道,让人听着,仿佛刚喝过山泉一般,心里清凉凉的。

"哦,好美的名字和声音,你是哪国人?"女中音接着问。她似乎有些嫉妒这甜美的声音。

"当然,我名字的含义是'带着胜利的信息而来的人',我来自神话王国,你呢?"声音中透着自豪。

"波兰。哈哈哈,你已经是亡国奴了!"女中音听出那声音里的自豪感,有些很不服气。她很清楚,1941年雅典沦陷了,希腊人已经失去了以往的自由。她生为希腊人,还有什么可以自豪的呢?所以,话语里明显带着鄙视的味道。

"竟往伤疤上戳,还不是彼此彼此吗?要说亡国奴,你们比我们更惨吧!"柔美的声音变得不再柔和。她也很清楚,1939年华沙沦陷后,波兰就向德国投降了,因此,她觉得波兰比希腊好不到哪里去。而这个波兰人反而还嘲笑自己,这让她的心里很不舒服。

"吵什么吵,能不能安静一会儿?"维什林顿意识到,再争论下去可能要上升到肢体冲撞,于是,她大喊了一声,想制止这场毫无意义的口水战。

"哎,你是谁啊?哪有你的事儿?"两个人正在生气。一听见这不友好的声音,一起将矛头对准了维什林顿。

"我们现在的目标和任务是一致的,没有国界,不分彼此。这么简单的道理我想你们在进入特训学校之初教官就教导过你们吧,现在还让我来重新教吗?"维什林顿严肃地提醒着他们,语气里带着威严和训斥。

两个人对望一下,虽然表面上一副谁也不服的表情,但是,心里都觉得维什林顿的话是正确的,她们都为刚才无端的争论,影响了和谐的气氛而感到愧疚。于是,沉默了。

飞机的一侧机翼突然向下倾斜,整个机身不再那么平稳,忽高忽低,忽左忽右。

"我们遭到了不明飞机的撞击,快,准备跳伞,快!"维什林顿做出了正确的判断,并果断做出决定。

飞机更加不平稳,左右摇晃,一侧机翼开始严重向下倾斜,机体急剧下降,距离地面越来越近。

"快,准备,起跳!"维什林顿已经系好了降落伞,她迅速地打开了机舱的门,招呼着后面的姐妹们。

就在飞机距离地面大约 100 米的时候,一朵朵伞花儿腾空而起,在夜空中无声地绽放,像一朵朵野玫瑰飘荡在法国中部卢瓦尔河地区的上空。

降落伞载着维什林顿在夜空中飘荡,她只听见耳边"呼呼"的风声。夜空中没有月亮,只有闪闪的繁星。她感觉到星星就在她的身旁,一伸手似乎就能摘下一颗。维什林顿俯下头,身下是无尽的黑暗,一眼望不到边际。这把大伞根本不受她的控制，自己就像一只没有翅膀的大鸟，在广袤无垠的黑洞里放任地飘荡。

这种在天空自由飞翔的感觉，维什林顿从小就向往。小时候，当她看到小鸟展翅在天空中飞翔，一会儿落到枝头，一会儿落到屋脊，她就坐在门前的台阶上，托着下巴想：有一天自己也能有一双那样的翅膀就好了。于是她闭上眼睛，展开双臂，幻想着自己飞翔的样子。

今天，维什林顿似乎实现了这个愿望，她要感谢那个使她走上间谍之路的人——艾比格尔·曼斯菲尔德。

在间谍学校，特殊培训课程进入到跳伞训练，维什林顿的脑海里总能回想起小时候从大树上掉下来的经历，那次她受了很重的伤，在床上躺了足足一个月，妈妈每天为了一家人不停地忙碌着，还得拖着疲惫的身体照顾她的生活。回想起这些，总是使她觉得很愧疚，除了对高空些许的恐惧外，还有对妈妈的那份愧疚。

面对着几千米的高空，系好了安全带的维什林顿就是不敢往下跳。同她一起训练的学员都已成功完成任务，维什林顿看着那些在空中绽放的一朵朵小花，心里羡慕极了，可是，脑海里却挥不去小时候从树上摔下来的那一幕。

第一次训练，她失败了，成绩"不及格"。这深深地刺痛着维什林顿的心。她想着教官严厉的话："艾琳娜，如果你不能克服恐惧心理，你将不能顺利毕业。""不能毕业"在间谍学校里意味着两种可能，一是在以后的任务中葬身在敌人的枪口下，一种就是被间谍学校公开除名，然后在离开间谍学校的途中，被自己的人秘密杀害。

想到这两种可能，维什林顿在心里暗下决心：即使死，也要死得其所。从下定决心的那一天起，维什林顿就趁着别人休息的时候，自己悄悄地跑到学校后面的树林里，练习爬树。为了减少恐惧，她在爬树时从来不看地面，直到爬上树顶。稍作休息恢复体力后，又从树顶上爬下来。她发现自己好久不爬树，竟然找不到小时候那种轻松愉悦的感觉了。几天下来，她的胳膊上，腿上，都被树枝划出了一道一道的血痕。维什林顿依然咬牙坚持着，只有喜爱上高空，她才不会对高空有恐惧感。

功夫不负有心人。在进行第二次跳伞培训时，她系上降落伞，闭上眼睛，深深吸了口气，幻想着自己有一双美丽的翅膀，勇敢地一跳。成功了，她感觉自己像鸟儿在空中飞翔......

“轰”的一声巨响，把维什林顿从特训学校的回忆中拉了回来。不远处，飞机坠毁爆炸了。一团团火焰腾空而起，烧红了半个天空，继而又被翻滚着的浓重黑烟渐渐吞噬着。这一声巨响打破了夜的沉寂，打破了德军将领们沉睡的美梦。一连串的电话铃声响过以后，又一连串的紧急集合的刺耳口哨声。此时，卢瓦尔河地区德国各个军部、指挥部里乱作一团。

“报告长、长官！出大事了！”一名德国侦察兵慌慌张张地闯进了指挥部的办公室。指挥部刚刚接到密电，说一架英国飞机已经被德国飞机击中，在卢瓦尔河地区坠毁。机上至少有五六名间谍跳伞逃跑，坠毁飞机上没有机长，只有一名飞行员，已经死亡。

“你怎么不喊报告就进来了？慌慌张张的干什么？”指挥官很生气，训斥着士兵。

“对不起长官，情况特别紧急，一着急我就忘记敲门了。”侦察兵解释着，说话的速度很快，因为慌乱，一句话都没有说完整。

“好了，慢慢说吧，到底怎么回事？”

侦察兵喘了口气，说道：刚才看见远处有一架飞机坠毁、爆炸。但侦察楼里的侦察兵通过望远镜观察，机上人员在飞机坠毁之前已经跳伞逃离，好像就降落在附近的某个区域。

听完了侦察兵的汇报,指挥官再次确定,飞机确实已经坠毁,机上几名间谍逃往本地区。

指挥官、副指挥官、参谋长立即制定搜捕计划。

降落伞载着维什林顿迅速向地面降落,很快,维什林顿耳旁"呼呼"的风声消失了,她平稳地降落在地面。其他 4 个人紧接着到达。

"快!隐蔽!"维什林顿招呼着其他的人,拔出腰间的枪,像一只松鼠"嗖"地一下钻进了丛林里。其余的人紧跟在维什林顿的身后,消失在浓密的丛林中。

间谍们深一脚浅一脚地向前奔跑着。此时,她们心里很清楚,随着飞机爆炸的一声巨响,行踪已经暴露。德国兵会渐渐靠拢,包围这里,在天亮之前,她们必须躲过敌人的搜捕,逃到一个安全的地方。否则,天亮后就难以脱身了。

"哎呦!"一块石头将柏妮丝绊倒,她的膝盖重重地磕到了石头上,疼得她不禁叫出声来。

"不许出声,你想把敌人引到这里来吗?快,快点跟上!"维什林顿厉声喝到,催促着后面的队员。

柏妮丝吐了吐舌头,知道自己差点闯了祸,赶紧爬起来,来不及看膝盖的伤势,更没时间揉,虽然疼得龇牙咧嘴,但不敢再出一点声音,忍着疼痛,她快速地赶上前面的队员。

"小心!隐蔽!"维什林顿听到一丝微弱的响动,好像是穿梭丛林时拨开树枝的声音,很有可能敌人已开始大面积地搜捕,这片丛林他们是绝对不会放过的。她小声地提醒着大家做好随时战斗的准备。

这支临时组织起来的"女子特别行动队"虽然只有五个人,却都是经过秘密特殊训练的间谍。个个出类拔萃,武艺超群,枪法精准,百发百中。她们是由情报总部秘密派遣到法国来的特殊队伍,执行着一项又一项重要任务,此次维什林顿化名为"吉芙维纳·杜扎兰",是这个"女子特别行动小队"的队长。

"长官,你看,他们真的搜来了,我们打不打?"席琳·迪荷小声地问维什林顿。

"再等等。"维什林顿继续向前走着。后面的人紧跟其后。

树枝的响动声越来越大,好像敌人就在附近,听声音,好像只有一小部分人。

"沃伊蒂瓦,你去侦察一下。"维什林顿想知道具体人数,以及敌人以怎样的方式进行搜查,从而决定是采取隐蔽,还是进攻。

"是!"沃伊蒂瓦答应着,她小心翼翼地向发出声响的方向移动。

"报告长官,敌人只有几十个人,似乎不是精锐部队。他们并没有发现我们的行踪,而且并不确定我们就在这片丛林里。"沃伊蒂瓦是个侦察能手,对于她汇报结果,维什林顿深信不疑。

"长官,我们打吧,这一路上大家都憋着一股劲呐。"还没等维什林顿说话,旁边的几个人都七嘴八舌地要求"打"。

"好吧,就让大家过把瘾。但是,记住,我们不能惊动他们,要悄悄地进行,能不开枪,就不开枪,要保存力量,让他们一个一个地悄无声息地消失,明白吗?"维什林顿压低了声音,沉着冷静地部署着作战计划。

"是,长官,我们明白!"大家异口同声地小声答应着。各自向目标悄悄地靠近。

正如维什林顿所猜想的那样,指挥官马提亚斯在接到密电后,对此十分重视,立即派侦察兵到飞机坠毁的地方仔细侦察,另有一些人分头进行搜捕。被发现的德国兵就是其中的一部分。

几个人按照维什林顿的指令,分别锁定各自的目标,然后从敌人的背后悄悄地靠近,还没等敌人反应过来,猛地用铁丝紧紧地勒住喉咙,直到停止呼吸。

维什林顿从来也没有想过杀人,但是她很清楚,自从选择了间谍这条路,就注定了她必须要面对这种血淋淋的场面。她用枪顶住了士兵的脑袋:"说,是谁派你们来的,你们的上司是谁?"这个士兵吓得魂飞魄散。

"长官饶命,我说,我说,我们的指挥官是马提亚斯上校。"士兵将双手举过头顶,用颤抖的声音回答着。

"你们的驻地在哪里?距离这里有多远?怎样才能出去?"维什林顿用枪顶了一下士兵的脑袋,恶狠狠地问道。

"驻地距离这里只有一英里。只要过了驻地就能上公路,公路上没有哨卡。"为了保住性命,士兵说得很详细。

"长官,你真的想放了他吗?他要回去报告,我们可就完了!"维什林顿将枪收回,示意沃伊蒂瓦来解决。

"噗——"沃伊蒂瓦毫不犹豫地将尖刀扎进士兵的身体。士兵倒下去了。

另外的几个人也都完成了任务,围拢到维什林顿的周围。

"尸体都处理好了吗?没留下什么痕迹吧?"维什林顿的目光从每一个人的脸上扫过。

"报告长官,都处理好了,你就放心吧。"席琳·迪荷和柏妮丝同时说道。

"抓紧时间。大家快点把他们的衣服、帽子都换上,拿上他们的武器。"维什林顿指着那些已经死了的德国士兵命令着。

"席琳·迪荷,你是法国人,对这里的地形比较熟悉,快,你在前面带路,在天亮之前,我们必须走出丛林,找到隐蔽的地点。刚才的士兵已经说过了,只要过了这道关卡,上了公路,就再也没有关卡了。每一个人都要跟上,千万不能掉队,明白吗?"维什林顿郑重地嘱咐着,指挥着,然后侧过身去,倒着走了几步,让她后面的席琳·迪荷走在队伍的前面。

"是,长官,你就放心吧。再浓密的丛林也难不倒我,我是出了名的'指南针',我保证完成任务。"席琳·迪荷自豪地说着,小跑几步,来到队伍前面,充当起"指南针"。

浓密的丛林荆棘密布,脚下的道路崎岖不平。五个人形成一条线,拨开树枝和缠绕着的蔓草,借着满天的星光,深一脚浅一脚地向前奔跑着。丛林深处不时传来几声布谷鸟的鸣叫声,声音在沉静的夜晚,显得有些凄凉。夜风吹过,树枝不断地颤动着,叶子被吹得"哗哗"响,在昏暗的星光映照下,那不停地晃动着的分明就是一个个鬼影。声音听起来像是屈死的冤魂在哭泣,阴森恐怖,让人毛骨悚然,不寒而栗。

跑在前面的席琳·迪荷不禁放慢了脚步,回头张望了一下。后面的人都在紧紧跟随。

"怎么了,席琳·迪荷,有什么情况吗?"维什林顿就在席琳·迪荷的后面,看见她向后张望,很警惕地询问着。

"报告长官,没有,一切正常。"听到维什林顿的声音,席琳·迪荷心里的那一丝恐惧突然像被风吹走了一样,镇定地回答道。

"好,继续赶路。"随着维什林顿的一声命令,夜行人加快了脚步。每个人心中只有一个目标,那就是天亮前走出这片丛林。

破晓时分,那些晃动着的"鬼影"早已被甩掉。山岗下就是公路,从山岗上看下去,崎岖蜿蜒看不到头的公路就像一条趴伏的长蛇,已经睡着了一般。

"报告长官,我们绕过了敌人的哨卡,我的任务已完成。"席琳·迪荷说完,给维什林顿敬了一个军礼。

"从这里下去,直接到公路上。"维什林顿说着,打开背包,拿出了一条攀岩的绳索。黑夜中紧急跳伞,维什林顿没有办法把行李箱从飞机上带下来,只带了一个背包,这里面装的是间谍必需用具,她在乘上飞机的时候,为了以防万一,就已经将这个背包紧紧系在腰间。从丛林一直到现在,事实证明,这个背包里的用具的重要性,如果没有那几根看似微不足道的铁丝,和几把尖刀,他们真的不知道是否能够顺利地走出丛林。现在,面对下面的公路,攀岩的绳索将派上用场。

"快,就从这里顺下去。席琳·迪荷你先来,顺便侦察一下周围的情况。"维什林顿已将绳索的抓钩抓进了石头缝里,她双手抓住绳索,以双脚跟着地,身体用力向后仰,以此来试探抓钩是否牢固。接着,回身对站在她身旁的席琳·迪荷说。

"是,长官。"席琳·迪荷答应着。接过维什林顿手中的绳索,在胳膊上缠绕几圈,然后顺着绳索,一步一步向下滑行。

"小心脚下,注意安全。"维什林顿叮嘱着。

大概10分钟后,她们安全到达山脚下。想从这条公路到达市区,唯一的办法就是搭车。这方面,维什林顿算是个很有经验的人。其他的人可能没有搭车的经历,但他们在这方面的技能,维什林顿还是很放心的。

对于焦急的人,等待是很漫长的,哪怕这等待只有几分钟的时间。他们终于感觉到了地面的微微颤动,这是货车车轮压过路面所产生的颤动,随后,轻微的"隆隆"声伴随着飞扬的尘土由远及近。

"我们偷偷地从后车厢直接扒车,以免惹上麻烦。隐蔽!"维什林顿对所有人说完,首先隐蔽到灌木丛里。

“是,明白。”大家点头,随后也隐蔽到灌木丛里。从昨晚到现在,他们几个人对维什林顿的态度发生了彻底的改变。由最初对她的不信任,转变为现在的佩服,开始从心底里服从她的领导和指挥。

货车“轰隆隆”地开动着,维什林顿发现货车的车厢里不仅满载着货物,还有几个士兵持枪站在那里。如果不是隐蔽在路边的灌木丛里,车厢里的士兵一定会发现她们。

“现在怎么办?”眼见着货车从眼前驶过去而不能搭乘,沃伊蒂瓦有些心急,自言自语起来。

“利用这个机会,大家休息一下,我来警戒。”维什林顿检查着武器,看看还有多少弹药。然后警觉地端起枪。

几分钟后,又有一辆车通过,这次是一辆军车,车上都是德国士兵。

自从上了飞机,这一天一夜的时间里,间谍们没有吃一口东西,喝一口水,更没有睡觉。为了躲避敌人的搜捕,她们只顾着不停地奔跑、行走,终于逃出了敌人的搜捕圈,现在稍微放松了紧绷的神经,饥饿、困倦、疲惫一起涌上来,啃噬着她们的意志。

“哒哒哒”远处传来了清脆的马蹄声,及响亮的皮鞭声。

“大家振作点,这不是军车,我们有希望了。”由远及近的马蹄声让所有的人都精神振奋。她们瞪大了眼睛,盯着马车驶来的方向。

“吉芙维纳长官,你看这一车的葡萄,怎么搭乘呢?”沃伊蒂瓦有些失望,她说话的时候没有看维什林顿,眼睛只是盯着那满车的葡萄。淡紫色的葡萄像一颗颗晶莹的玛瑙,在晨光的映照下闪烁着耀眼的光芒,好像已经看到了躲在灌木丛下饥渴的姑娘们,这使得她们都想一跃而起,跳到车上,美美地享受一通。

“大家准备,扒车!”维什林顿下达了命令。大家面面相觑,都觉得不可

二战浪漫曲

思议。好像没有听懂她的话一样。这整车的葡萄没有一点空隙,几个人同时踏上去,一车葡萄恐怕就会变成葡萄汁了。就在所有人都疑惑维什林顿这决定的时候,她已经跑出了灌木丛,向马车飞奔而去。几个人相互对望了一下,也紧跟着跳出灌木丛,奔向葡萄车。

马车的车厢是木制的,车厢被增加了高度,车厢底部应该是铺了一层软性的材料,否则,马车这样颠簸,等到了城区,这一车葡萄也会变成葡萄汁了。

扒上马车,维什林顿告诉大家要分散,这样能够保证马车承重的平衡度。虽然已经尽量不破坏葡萄,但脚下的是不能幸免的。没有维什林顿的命令,大家已经心领神会了,不约而同地抓起葡萄就吃了起来。这真是一举两得的事情,既可以很快到达城区,又可以饱餐一顿。

大约过了一个小时,马车在一个哨卡停了下来。席琳·迪荷等人相继拔出了枪,却被维什林顿制止了。她告诉大家,谁都不要轻举妄动,看情况见机行事,士兵若询问,先由她来应付,实在躲不过,再武力解决。大家按照维什林顿的指令,默不作声地坐在车厢里。士兵查看过通行证,又探头往车里看了一眼,他看到了满车的葡萄,还有五个本国的士兵"押解",就没有过多询问和阻拦,将通行证交给车夫,向他摆摆手,示意他可以走了。此时车夫并不知道自己的一车葡萄里竟然还有五个"德国士兵"。

一座美丽的城堡已经映入了她们的眼帘。褐色坚固的城墙围绕着银灰色的城堡,成墙外挖有大约宽 30 米的壕沟,这的确是一座敌人难以接近的城。而今,巴黎已经失守,固若金汤的城池也沦为了"囚徒"。

昂热——一座位于法国西部的历史名城,已成为文化中心,它是法国曼恩—卢瓦尔省的省会,有一个美丽而古老的名字——安茹。维什林顿看到的美丽城堡就位于昂热城的中心位置,它现在是德军的驻地,同时,它也是维什林顿等人执行本次任务的地方。出于间谍情报机构的保密规定,此任务目前只有维什林顿一个人知道。

5个人早已经吃饱了,并轮流小憩了一会儿,现在有足够的精力应付接下来的事情了。马车又行驶了一段路程,接近城堡的大门,再往前走,就会到达德国军队的营区。维什林顿指挥同伴们下车,然后立刻隐蔽。换上普通民众的衣服。这样混入到人群中很容易掩人耳目,不易被敌人发现。

4个人换好了衣服,在维什林顿带领下,来到一家酿酒厂。酒厂的门卫拦住了维什林顿一行人,还没等门卫询问,维什林顿拿出了一个证件,门卫看罢,很恭敬地让她们进入酒厂内部。她们来到一座二层的古堡门前。维什林顿拿出钥匙,打开门。

古堡里已经很久没有人居住了,虽然午后的阳光能够照射到室内,但因窗子一直紧紧关闭着,毫不通风,所以,室内有些阴暗,另有一股难闻的潮湿味。

"来吧,大家把这里简单收拾一下,以后我们就是这里的主人了。"维什林顿说着,已经开始打扫房间了。这时候,4个人才发现,房间里真是一应俱全,好像早已有人给她们安排好了一样。她们虽然有些好奇,但都很知趣,并没有追问维什林顿这到底是怎么回事。只是麻利地收拾着房间的一切,很快就将房间打扫得干干净净。

"大家都坐下,听我指示。"维什林顿说着,先坐到了椅子上。4个人围着她分别坐下。

"从现在开始,我们的身份是这家酒厂的经营者,我是你们的老板。这是通行证,以便以后我们失散时应付德军使用,记住,一旦失散,无论任何时候,都要回到这里。现在我们来熟悉一下环境。"维什林顿将证件发放到每个人的手中。然后,走上城堡的二层楼阁。

城堡的二楼有许多的小窗口,如果被敌人发现,这里将是逃生口。二层楼阁的墙壁有一扇隐蔽门,只要轻轻按动墙上的按钮,它就会打开,进入后,有一条暗道一直通往酒厂后院,从这里翻墙跳出,很容易躲避敌人的追击。

在一楼书柜的后面还有一间隐蔽的暗室,这是专门用来发送和接收电报使用的。

维什林顿安排席琳·迪荷和布尔韦尔出去弄些食物和水,要求快去快回,以免引起敌人注意。

"活地图"是情报总部送给席琳·迪荷的雅号,她方向感极强,有着特殊的辨别能力,而且记忆力非凡,即使是被人蒙上眼睛,走过的地方也能够辨别出来;布尔韦尔虽然沉默寡言,但却是个胆大心细的人,枪法极佳,她有一项别人不会使用的暗器——钢针;这两个人都是情报总部特意选出来配合维什林顿此次秘密行动的。

现在这座小城里,到处都是德国兵,还有一些穿便装的秘密警察在大街小巷巡视。提高警惕是必须的,有备无患。维什林顿觉得选派这两个人做搭档去寻找食物和水是很合适的。

在没有上级的命令之前,她们的任务就是休息。很快,两个人回来了,带回了食物和水,大家饿了快两天了,终于可以饱餐一顿,狼吞虎咽地大吃起来。

饭后,维什林顿命令从布尔韦尔开始,每个人轮流警戒,其他的人抓紧时间好好休息。因为夜间是间谍行动最佳时机,上级可能会在此时给她们下达任务。

连续几天,都没有得到上级的指令。几个人除了吃饭就是睡觉,精神和体力已经完全得到恢复。这一天,第一个命令终于来了。

就在这座美丽小城的某个古堡里,有一所秘密监狱,监狱里关押着一位重要人物,他是法国一位著名的路桥专家。现在的德国,控制着各种交通要道,无论是公路、铁路,还是桥梁,他们为了保证交通的畅通和军用物资的供应,不仅掌管各种交通要塞,还将一些路桥方面的专家抓起来,以防备敌方进行破坏。

这位路桥专家就是被他们秘密抓捕的,德军想迫使他画出法国各路桥的结构图,并标注支点,以加强防御。由于这位路桥专家没有战争经验,情报机关担心他经受不住严刑拷打,很快就会被敌人所利用。所以,要尽快将这位专家从敌人那里解救出来。

接到命令的维什林顿,立刻把命令传达给其他的人,几个人在一起商议解救行动计划。

上级并没有把专家的照片传来,甚至被关在哪一座城堡中也一无所知。

昂热是城堡之城,城里多数建筑物都是城堡,从外形上看,样式和结构基本是相同的,不进入其内部,很难知道里面的构造。维什林顿等人目前的首要任务,是知道那个专家被关押在哪座城堡里,然后才能谋划营救计划。

夜黑风高之时是打探消息的最佳时机。维什林顿安排柏妮丝和"活地图"席琳·迪荷一组;沃伊蒂瓦和布尔韦尔一组;维什林顿自己一个人单独行动。

换上了夜行衣,戴上面罩和必要工具,大家出发了,分别去往不同的方向。

维什林顿先绕行城堡一周,查看地形,寻找恰当的切入口。她发现距离城堡几米处有一棵大树,可以借助这棵树翻到城堡内。维什林顿将攀岩绳索的一端牢牢地栓在大树上,然后,她爬到树的中间,这个部位要高于城堡的顶部,抓住绳索的一端,用力一摇,甩出去,抓钩"嗖"的一下飞出,落到城堡的外墙的石缝里,抓钩像鹰爪般紧紧地嵌入其中。维什林顿用力拽了拽,觉得抓钩可以承重了,便双脚用力蹬了一下树干,借助双脚从树干弹出去的惯性作用,身体向上向前用力,双腿也同时向前用力,像猴子一样"嗖"地一下就"飞"到了城堡的外墙上。

城堡内只有一盏探照灯,昏暗的灯光晃来晃去,墙外树影映照到城堡的墙上,晃来晃去,如鬼影般诡异。两名哨兵抱着枪,倚靠在门旁打着盹。城堡内,远远望去,朦胧中有几名流动的哨兵慢悠悠地走着。这里驻扎着德国的军队,但是,到底有多少,监狱是否设在这里,还是个未知数。要想知道确切情况,只有进入到城堡内才能看得清楚。

想到这儿,维什林顿沿着外墙爬到避开城门哨兵的位置,顺着绳索轻轻滑到城堡内,躲到一角仔细观察,她想知道到底有多少流动哨兵。

"嗒嗒嗒",一队哨兵迈着整齐的步子,端着枪,从维什林顿面前走过。十几分钟后,这队哨兵又返回。维什林顿明白了,原来这里只有一队哨兵在巡逻。如此松懈,可能监狱不会设在这里。

"今天晚上就你们几个巡逻吗?"维什林顿正猜想着,一位德国军官询问刚刚过去的几名哨兵,他好像喝醉了酒,问话时舌头明显有些不太灵活。

"是,长官!"一名哨兵答道。

"都给我精神点!你们是知道的,那几个人中有长官需要的重要人物,要是出了什么差错,你们知道后果会是什么。"德国军官舌头打着卷,吐字已经不是很清晰了,但那个几个哨兵听得很清楚,维什林顿也听得很清楚。

她听到了"重要人物"几个字,她猜测着重要人物到底是谁,从军官的口中,不难听出,这里有一个他们的长官很需要的人,这个人是不是上级让解救的那个专家呢?

二战谍雄

"必须想办法找到关押人的地方。"维什林顿想着。

"你,在前面带路。"那个像喝醉酒的军官走了几步,又转身回来了,叫了一个哨兵。好像觉得有些不放心,要亲自去查看。

"太好了,机会来了。"维什林顿暗想道。偷偷地跟在那些人的后面。

转过几个弯,再前行。昏暗的探照灯似乎已经照不到这里。幽暗阴森的小巷深处,出现了一座圆形的小古堡,从外形上看,它并没有什么异样的地方。古堡门前杂草丛生,乱石成堆,并不像有人居住。古堡门口没有哨兵把守,这让维什林顿很好奇。

德国军官走到古堡门前,"啪,啪啪,啪"敲了几下,敲门声很有节奏,好像是暗号。

"吱呀",门开了。开门的人说了句什么,就闪到了门的一侧,维什林顿距离远,那人的声音很小,她没有听清楚开门的人在说什么。只见德国军官粗声粗气地嘟囔了一句:"真是麻烦",然后,拿出一个证件递给开门的人。开门人借着微弱的探照灯光仔细地看了一眼,做了一个"请"的手势,将德国军官让了进去。

这些奇怪的举动,让维什林顿觉得奇怪,既然这里关押着人,为什么没有灯光呢? 难道是故作玄虚,掩人耳目吗? 关押人的地方应该是监狱,看管的人也应该是士兵,为什么这里并不像监狱,而倒像是一个秘密的接头地点? 这些疑惑也许只有进入到小古堡内才能够真相大白。

德国军官进入古堡后,哨兵也跟了进去。过了很久,他们才出来。德国军官还是那副醉醺醺的德行,嘱咐着哨兵,一定要严加看管,不许外人进入。

德国军官和哨兵离开古堡后,维什林顿绕到了古堡的后面,看是否有进入到古堡的可能。可是整个古堡结构坚实,封闭严密,连一只苍蝇都不可能飞进去,更何况人啊。这让维什林顿有些失望。无奈,她只好空手而归。

其他人同样一无所获。越是秘密的事,越是只有极少数人知道。一连几天,一到夜里,几个人就穿上夜行衣,深入古堡,打探消息。可是,除了维什林顿去过的那座古堡有些线索外,其他人都毫无所获。封锁得如此严密,不难看出,德军对这件事非常重视。

几个人商量后,决定以维什林顿夜探的那座古堡作为突破口,顺藤摸瓜,深入挖掘。维什林顿预感那座古堡里一定隐藏着什么秘密。

夜静悄悄的,一颗流星托着长长的尾巴,在深邃的夜空中划出一道漂亮的弧线。

借着淡淡的月光,几个人来到了那座古堡的墙外,利用大树和攀岩的绳索,顺利地进入到古堡内。维什林顿观察到,依然是那几个哨兵在放哨,并没有增加防卫。

"席琳·迪荷,你和我一起去对付那个知道古堡结构的哨兵,你们几个负责分散另外几个哨兵的注意力,记住,千万不能动静太大。之后,你们尽管隐蔽起来。"

探照灯昏暗的灯光晃来晃去,几个哨兵端着枪,步伐不紧不慢地走来。维什林顿做了一个手势,几个人心领神会。不约而同地开始了行动。

"嗖——",维什林顿将一颗小石子抛到几个哨兵身后。

"嗨,什么声音,好像有人!"走在最后面的哨兵听到了响动,叫了一声。回过头来四处查看。

"在哪儿?"几个哨兵警觉起来,都惊慌地回过头来,伸长脖子向灌木丛里巡视着。

"嗖,嗖,嗖",席琳·迪荷,柏妮丝,沃伊蒂瓦,布尔韦尔四个人分别从不同的方向抛出了小石子,以此迷惑巡逻的哨兵。

几个哨兵听到了响动,不约而同地端起枪,慌乱地向有声响的地方跑去,在不同方向的灌木丛里转着圈地搜寻着,他们用枪胡乱地挑着灌木丛。

借着混乱,维什林顿盯住了那个知道"秘密"的哨兵,他正猫着腰,端着枪在灌木丛里搜寻。维什林顿悄悄地绕到了他背后,猛地用一只胳膊勒住了他的脖子,一把尖刀紧贴在他的喉咙。

"长官饶命,长官饶命啊!"哨兵被这突如其来的不幸吓得惊慌失措,战战兢兢地哀求着。

"不许出声,否则我就割断你的喉咙!"维什林顿用刀逼着哨兵,威胁着。那声音虽然非常小,却如惊雷般灌进哨兵的耳朵,使他的脑袋发木,双腿发软,他几乎无法站立。维什林顿只好倒拖着他,将其拽到灌木丛下。

"蹲下! 不许出声!"隐蔽在灌木丛下的席琳·迪荷站起来,用力踢了一下哨兵的腿弯,使其跪在灌木丛里。

"雷蒙,雷蒙,你这家伙大惊小怪的,哪里有人啊!"其他的哨兵在听到声音的地方转了几圈后,并没有发现什么可疑的情况,就开始埋怨起被维什林顿抓住的那个哨兵。

"告诉他们,你在上厕所!"维什林顿用刀背顶了一下哨兵的脖子,命令道。

"是,长官,可是,请您将刀拿开点,它不长眼睛的。"哨兵鼓足了勇气,大着胆子说,声音有些颤抖。

"少废话,快点回应他们。"席琳·迪荷觉得这个哨兵有点滑头,都到了生死关头了,还那么多话,就很气愤地踢了他一脚。

"你们这帮家伙,我在给你们'做糕点'那,喊什么? 难道你们希望出什么意外吗?"哨兵假装不耐烦地,唧唧歪歪地说。

"嗨,你害得我们心惊肉跳的,你还有理了,等你出来再收拾你。你自己

'做'的'糕点'自己慢慢享用吧。我们走！"一个哨兵操着公鸭嗓音，连讽刺带挖苦地训斥了一通这个被他们叫做雷蒙的哨兵，然后丢下他，继续巡逻去了。

"哎，你们……"

跪在灌木丛里的雷蒙，心里既气愤又委屈，既恐惧又抱着一丝侥幸。雷蒙多么希望他们中有人能回来看看他，也许这样他还有活着的希望，而此时，雷蒙彻底失望了，灰心丧气地垂着头。

"站起来！带我们去个地方！"维什林顿拽了一下他的领子，哨兵站起，打了个趔趄。维什林顿将他推到前面，用枪顶住了他的后心。

"从现在开始，一切听我们的，你还可以活着，如果你要花招，你知道，这刀枪可是不长眼睛的。"维什林顿再次提醒着这个叫雷蒙的哨兵，并给他指明活路。

"是，长官，我听你们的。说吧，到底想让我做什么？"哨兵的情绪有些稳定了，镇静地说。他似乎觉得只要按照这个蒙面的神秘人所说的话去做，他就能够活着。

"带我们到那个小古堡去。"维什林顿说，并用手指了一下古堡的方向。

听到维什林顿的话，哨兵有些犹豫，他紧皱眉头，好像有些为难。

"啪——你再犹豫我就毙了你！"席琳·迪荷有些不耐烦了，重重地打了哨兵一个耳光，拔出枪来，顶在了他的脑袋上。

"你不带我们去，现在就得死，带我们去了，你还可以活着。也许会一直活着。"维什林顿诱导着哨兵。

时间就是生命，维什林顿很清楚，在这耽误一分钟，就有一分钟的危险。她想到，可能以后这个哨兵的用处会更多，毕竟他熟悉这里，进去过古堡，对那里的情况了如指掌，有可能他会认识她们现在要找的人。争取一个敌人比消灭一个敌人要困难得多,但是,一旦争取过来,利用得恰到好处,将会事半功倍。

人对于死亡并没有真正的概念,只有当死亡来临时,才知道生命如此宝贵,活着是一件多么荣幸的事。面对着黑洞洞的枪口,面对着两个蒙面的黑衣人那两双鹰隼一般犀利的目光,哨兵知道他现在已经没有选择,只有乖乖地配合,唯有如此,也许才能躲过死亡的魔爪。他的目光不再那么倔强,心里的堤坝渐渐倒塌。用一个跟自己毫无关系的人的命换自己的命,这一定不是个赔本的买卖,他已下定决心。

哨兵在前面引路,维什林顿和席琳·迪荷跟在他的两侧。3人来到古堡门前。维什林顿让哨兵敲门,带她们进入到古堡里去。

"你们有特别通行证吗?"哨兵问道。

"什么'特别通行证'?要是有,我们用你来干什么?"席琳·迪荷往哨兵腿上踹了一脚,有些气愤地说。

"长官,你们没有特别通行证,我就没有办法了。"哨兵有些为难,他刚扬起的要敲门的手缩了回来。

"你还是不好好配合我们,我现在就送你下地狱!"席琳·迪荷真的有些生气了,她将手里的刀驾到哨兵的脖子上,并稍稍用了点力,哨兵的脖子立刻划出了一道血痕。

"别,别,别,我说,我说,长官饶命,我说。"面对着寒光闪闪的锋利钢刀,哨兵吓得瘫坐到地上。为了保命,他只好说实话。

他说,就算他能敲开门,也无法进入到古堡里面。因为里面守卫森严,要有"特别通行证"才能进入。而"特别通行证"也不是谁都可以有的,据哨兵所知,只有监狱长有"特别通行证"。监狱长,就是那天维什林顿看见的那个军官。其他人是没有资格拿到"特别通行证"。

没有特别通行证的人绝不可能进入到古堡里。除非是"有上级的特殊指令"的人。

通过哨兵的叙述，维什林顿了解到，除了监狱长和有"上级特殊指令"的人可以进入到古堡内那个关押专家的单独牢房外，几乎没有什么人可以接近那间单独的牢房。又因为是秘密关押，就连德国内部也只有极少数的人知道这里有个"监狱"。这几个哨兵，都是监狱长的亲信，他们也是在监狱长喝醉的时候无意中得知这里关押着一个非常重要的人物，监狱长在醉话里也没有忘记提醒这些哨兵，要守口如瓶，一旦走漏了风声，他们的脑袋会立刻搬家。

"站起来，你别害怕，只要你尽力帮我们，我们是不会伤害你的。你再好好想一想，还有什么人可以进入？"维什林顿将哨兵从地上拉起来，拉到灌木丛的后面，缓和了语气，尽量稳住受到了惊吓的哨兵，以便让他提供更多的有利情报。

哨兵歪着脑袋，眼睛望着深邃的天空，稳定了一下情绪，想了一会儿，突然说道："哦，我想起来了，还有一个人可以进入。"

"谁？快说！"席琳·迪荷有些迫不及待。

"是医生。他每个星期都来给那个专家做检查。"哨兵望着维什林顿，眼睛里放着光，好像他说出了这件事，就能够得到很大的奖励一样。

"不用急，你慢慢说，到底是怎么回事？"维什林顿安慰着，以便他能更好地把事情说清楚。

哨兵咽了一口唾沫说，那个专家的年龄很大，刚被抓进来的时候，因为恐惧，得了急症，从那以后，他的待遇就开始有别于其他人，为了保证他身体和精神上的健康，上面还特意为其请来一位专业医生，医生每个星期都来，很有规律。

"是他自己来吗?"维什林顿问。

"不是他一个人。为了防止意外发生,有两名军官陪同医生一起来。"哨兵回答。

通过交谈,哨兵觉得维什林顿并不想要他的命,于是,开始详细地介绍古堡内部结构以及卫兵把守的情况。

那是很多天以前,德国秘密警察连同情报组织将一批人犯关押到这座常年无人居住的古堡。这里原是德军弹药库,因其隐蔽性比较强,所以临时改为监狱,另外,又挖了一个地下室,将弹药储藏其中。

被抓进来的人大概有 20 多。据说,秘密警察怀疑他们中的一些人是反对德国的地下秘密抵抗组织成员,只要一有空,他们就过来审讯。其中有 2 个人已经死了。

那个被上面重视的专家,起初也是被怀疑的对象,后来,他们觉得这个人胆小如鼠,唯唯诺诺,稍微给他来点苦头,他就会吓得昏过去。因此,军方排除了对他的怀疑,但是,因为他是非常有利用价值的人,所以,一直被软禁。

哨兵说,古堡内,暗藏机关,结构复杂,地下通道纵横交错,不熟悉里面环境的人,即使进去了,也难以从里面走出来。

作为监狱的那层楼,戒备森严,走廊里 24 小时流动巡逻。专家被关在一间单独的房间,不带手铐脚镣,也没有被捆绑,他可以在房间里自由活动。为了避免他自杀,室内没有任何利器。

想进入他的"房间",要经过四道把守严密的铁门,门外有四个轮流把守的卫兵。

以维什林顿等人的能力,想见到那 20 多个嫌疑人还不算困难,但是,要见到这位专家难度则大了许多。哨兵说:"即使是军官,也要校级以上的才被允许进入。要想接近专家,还得有特殊指令。否则,那是要掉脑袋的,谁也不敢疏忽大意。"

哨兵的一番话,让席琳·迪荷感到十分沮丧。按照哨兵所说,今晚想见到专家是不可能的了。不过,这些情报非常重要,至少让她明白,组织上命令营救的那个人暂时是没有危险的,这就给她们的营救计划赢得了时间。另外,哨兵提供的情况还有很大的利用价值。维什林顿完全可以见缝插针,乘虚而入。

"长官,怎么办?"正当维什林顿心里暗暗盘算的时候,席琳·迪荷有些沉不住气了,她皱着眉头问维什林顿。

"你听清楚了,我们今天不杀你,但是你要把嘴闭严。只要将今天的事情透露出一个字,你就会没命,即使我们不动手,你泄漏了机密,长官们也不会放过你的。"维什林顿并没有理会同伴的疑虑,而是将矛头指向哨兵。

事已至此,哨兵别无选择,他已经上了贼船,只有配合。维什林顿给哨兵留下暗号,如果给专家看病的医生来了,要提前送信,信号就是:在古堡外墙的缝隙插上一棵小树枝。维什林顿会每天都来查看。但是,如果哨兵知情不报,那么他就会在某个黑夜里,从人间消失。

哨兵答应了维什林顿的一切要求,点头的样子就像小鸡啄米。

此时,大地一片漆黑,只有昏黄的探照灯晃来晃去。几个"鬼影"飞落在古堡的外墙上,瞬间又消失得无影无踪。

天边一丝光亮穿透天幕,地平线上,一个火红的半圆冉冉升起,也许是习惯了黑夜,维什林顿感到这光芒十分刺眼。一个不平静的夜消逝在时光中,曙光的到来孕育着新的希望。

望着窗外火红的太阳,维什林顿打了一个哈欠,伸伸腰,她起身将电台重新拆卸,装进木箱,放到隐蔽柜里。按动按钮,打开暗门,一夜未眠的维什林顿走出暗室。

昨晚回到位于酒厂后院的住处,维什林顿召开了一个临时会议,会议上,几个人各抒己见,探讨着营救方案。会议结束后,其他人休息,维什林顿则走进暗室,立即给上级发送密电。密电中,维什林顿详细地汇报了她们现在掌握的关于那位专家和关押专家地点的情况,并将临时制定的营救计划汇报上去。上级很快发来回电,并没有给出更多的行动指令,全权交由维什林顿处理。

连续三天,她们每天都到古堡的外墙去查看,可惜树枝一直没有出现。就连那个哨兵也消失了,巡逻的哨兵中多了一张陌生的面孔。几个人都在猜想:哨兵是不是变了卦,不想跟我们合作了。又怕被上级发现,于是找借口逃跑了。或者他已被抓起来了,如若如此,那就要重新制定营救计划。

到了第4天晚上,维什林顿和柏妮丝悄悄来到古堡外墙附近,借着皎洁的月光,她们清楚地看到,有一棵小树枝直直地立在外墙的缝隙里,在夜风的吹拂下摇摆着,好像在向她们招手。

"那个哨兵还挺守信用的,长官你看,那不是他给我们的信号吗?医生来了。我去通知她们。"柏妮丝看见了与哨兵约定的信号,有些兴奋。用手指着摇摆的小树枝,对维什林顿说,压低的声音里有些微微的颤抖。

自从她们逃出丛林,一直没有机会将才能发挥出来,心里总有些痒痒。这根小树枝就像一块投入大海的石子,石子虽小,却激起无限涟漪。她迫不及待地想把这个消息告诉给其他的同伴,还没等维什林顿说话,她转身就要走。

"柏妮丝,你要小心。记住把武器带全。"维什林顿叮嘱着。柏妮丝答应一声,就消失在了茫茫的黑夜里。

"嗒嗒嗒"巡逻的哨兵走过来。维什林顿趴在外墙上,哨兵出现了,他走

二战浪漫曲

在最后面，不时地回过头来往城堡的外墙上看。维什林顿给了他一个信号。

"咕咕，咕咕咕"，这个声音是在告诉哨兵，已经看到了信号，知道医生已来，让哨兵做好配合的准备。

听到信号的哨兵将手中的枪举高了一些，然后晃了晃。他的意思是，他早已经做好了配合的准备，而且并没有改变注意，请维什林顿等人放心。

维什林顿先单独翻墙跳入古堡内，隐蔽到灌木丛。

10多分钟后，柏妮丝和其他3个伙伴也赶到，和维什林顿碰头。

夜深了。古堡内很静，只有几个哨兵的脚步声，"嗒嗒嗒"由远及近，由近及远。

"啪"，一个小石子滚落到维什林顿的脚下。"长官辛苦了！"接着就听到远处的哨兵低沉的声音向她问候。

"准备行动！"随着维什林顿的一声命令，几个人开始分头行动。

她们蹑手蹑脚地靠近刚才哨兵问候的位置，隐蔽在灌木丛后观察着。

有三个人向古堡方向走去。走在中间的那个人，高高的个子，枯瘦身材，穿一身白大褂；另外两个穿着一身军服，分别走在他的两侧。

"两侧的一定就是哨兵说的两个军官，中间那个一定是医生。席琳·迪荷，你身材和那个医生差不多，你来扮演；柏妮丝，你和我来扮演那两名军官；沃伊蒂瓦和布尔韦尔你们两个先将那几名巡逻的哨兵处理掉，记住，不要留下任何痕迹，然后在外面负责警戒和掩护。都听明白了吗？"维什林顿详细地分配着任务，之后蛰伏在灌木丛里，伺机而动。

此时，几个哨兵已经向小古堡相反的方向走去，两名军官拥着医生默不作声地向小古堡方向快步前进。

"开始行动！"随着维什林顿的一声令下，几条黑影"嗖"地一下从灌木丛里同时窜了出来。维什林顿、柏妮丝、席琳·迪荷三人悄悄地绕到医生和两个军官背后,她们分别用刀和铁丝将三个人杀死,然后将尸体拖到浓密的灌木丛中,扒掉他们身上的衣服,穿在自己的身上。翻出证件,拿上他们的武器和医药箱,来到古堡门前。

此时,沃伊蒂瓦、布尔韦尔和那个给她们送信的哨兵雷蒙,也赶到了古堡门前。她们用同样的方法,悄无声息地杀死了几个巡逻士兵,将尸体拖到灌木丛中。这一过程,看得哨兵雷蒙心惊肉跳,他始终紧紧地抱着枪,站在那里,张大了嘴巴愣愣地看着。

"雷蒙,敲门!"维什林顿命令着哨兵。

哨兵好像还没有从刚才的惶恐中镇定下来,维什林顿并不大的声音却使他打了一个寒战,他颤抖地伸出了手,敲响了古堡的门。

"吱"门开了。"长官好!"一个卫兵敬了一个军礼,然后闪到一旁,让开一条路。维什林顿等人进入古堡内。卫兵好像有些疑问,斜眼瞟了一眼尾随其后的哨兵雷蒙,忽又发现"军官"维什林顿正在盯着自己,就欲言又止。将刚刚看过的证件恭敬地递到维什林顿和席琳·迪荷的手中。

从进入古堡后,维什林顿的眼睛就没有停止过搜索,她发现门内只有一名士兵把守。并没有看到其他的流动巡逻。

"怎么就你一个人把守?"维什林顿很严肃地问这个卫兵。

"报告长官,这里很安全,您看——"卫兵侧身用手指着墙上。只见一个红色小按钮,被镶嵌在墙壁上,按钮只有大拇手指甲大小,如果没有卫兵指引,几乎没人能注意到它。

"它连接着指挥部的紧急命令响铃,只要轻轻一按,警报就会拉响。全城都能听见,就算敌人能进来,恐怕插翅也难逃。"

"卫兵,你认识他吗?"维什林顿突然转移了话题,指着哨兵雷蒙问卫兵。卫兵一愣,转身看向手指的方向,此时卫兵的后背正对着维什林顿。

"噗——噗"维什林顿向前跨了一步，以迅雷不及掩耳之势，一手搂住卫兵的脖子，一手拿刀，猛地扎进了卫兵的后心，"嗖"的一下拔出刀，一股鲜血喷射而出，卫兵应声倒地。维什林顿示意身边的席琳·迪荷，将尸体移到角落里。

在战火纷飞的年代里，在那个瞬间就尸横遍野的岁月中，人要为信仰而活，有着共同信仰的人，就是战友，就是朋友。与自己的信仰背道而驰的人便是敌人，注定不是你死就是我活。维什林顿不愿意去杀人，但当自己战友的生命即将受到威胁的时候，她必须那么做。

雷蒙眼见两个同伴都这样悄然死去，刚刚镇定的他，站在那里又开始有些恐惧了，双腿不停地抖动。

"雷蒙，你不用怕，一会儿你前面带路，只要你继续合作，我们不会杀你。"维什林顿安慰着雷蒙。回转身，用刀在墙上红色按钮的周围小心翼翼地挖着，很快墙上被挖出了一个小洞，露出了连接按钮的电线，维什林顿用刀将电线割断，红色警报被解除了。

"雷蒙，我们可以走了。"维什林顿的声音很温和，她尽量使雷蒙安心。

"是，长官。"雷蒙答应着。走在前面带路。转过一个弯，维什林顿看到一个大铁门，铁门前有两名卫兵正在聊天，看见长官过来，敬了一个军礼，恭敬地打着招呼。维什林顿给席琳·迪荷使了一个眼色。

"卫兵，你的靴子怎么穿的？"卫兵一愣，赶紧低头查看，刹那间，维什林顿与席琳·迪荷同时一个箭步上前，将两把钢刀扎进他们的心脏，两个卫兵不声不响地倒地身亡。

眼前是紧紧关闭着的铁门，一根又粗又长的铁棍从两扇门上的铁孔穿过，一把大锁将门牢牢锁住。维什林顿俯身，从卫兵的腰带上解下钥匙，打开大铁门，里面关押的20多个嫌疑人。维什林顿透过狭小的窗子，向里面望了一眼。

这的确是一所秘密监狱,狭小的牢房里,拥挤着 10 多个人,所有的人都蓬头垢面,衣衫褴褛。有几个人靠墙坐着,浑身上下是一道一道的血痕,明显经受了鞭刑;有两三个人躺在柴草上,微微闭着眼睛,身上脸上都是血,好像受了重刑;还有一个人蜷缩在角落里,带着手铐脚镣。"这应该是个死刑犯吧?"维什林顿想着。

与这间牢房并列的另外一间牢房里,也关押着十几个人,这些人受刑比较轻,身体状况和精神状态明显好些,他们中的有些人竟然在窃窃私语,不时地向牢房外看上一眼。

"那个戴手铐脚镣的人是怎么回事?"维什林顿问走在前面的哨兵雷蒙。

"长官,这个,我也不清楚。我只进来过一次,就是他们刚被抓进来的时候。"雷蒙放慢了脚步,回答着维什林顿的问话。

已经来到了第二道铁门前,卫兵礼貌地要求看证件,维什林顿几个人都拿出证件,同时递给卫兵,两个卫兵同时接过证件,低头仔细核对着。就在这时,维什林顿和席琳·迪荷,迅速地拔出刀,捅进两个卫兵的心脏。二人没有发出任何声音,身体慢慢顺着铁门边沿滑了下去,永远地睡在了这片不属于他们的土地上。

"啊——"雷蒙从嗓子眼里发出了一声惊叫,下意识地向后退了一步。

"不用怕,雷蒙,你不会像他们那样,快,打开门。"雷蒙弯下腰,从卫兵的腰带上解下钥匙,颤抖着手,打开了门。几个人跨过两个卫兵的尸体,进入最后一道门里,通过狭窄的走廊,继续往前走。

"雷蒙,那个专家在哪儿?"维什林顿有些焦急。

时间已经不短了,如果有人发现古堡外巡逻的哨兵被杀,马上就会有大队的士兵将这座古堡包围,到那时候带着这么多伤员逃跑,是一件很困难的事情。

"长官,就在前面,马上就到。"雷蒙说着,加快了脚步。维什林顿也加快了脚步。在长廊的尽头,有一间单独的屋子。屋子里有两扇窗户,透过窗户可以看到,屋子里有一张床,床上躺着一个人,维什林顿看不见他的脸。

守门的两名卫兵没有看维什林顿等人的证件,敬了个军礼,礼貌地问候了一声。其中一个卫兵拿出钥匙打开门。就在开门的同时,维什林顿和席琳·迪荷一人一个将两名卫兵送回了老家。

"你们是来送我回家的吗?那就快点吧,这个地方我早就呆够了!"躺在床上的人听见了脚步声,突然从床上跳起来,很气愤地嚷了起来。

"是的,鲍狄·克莱齐教授,我们是来救您出去的,请您快点跟我们走。"席琳·迪荷焦急地跟他说着,伸手想拉住他的胳膊。

"你们是谁,凭什么救我?我又凭什么跟你们走?"教授显然对他们充满了敌意,甩开了席琳·迪荷伸过来的手,并后退了一步,目光中满是疑问和不信任。

"鲍狄·克莱齐教授,我只能告诉你,我们都热爱着祖国,虽然不能告诉你太多。但请你相信,我们的确是来救你出去的。"席琳·迪荷已经焦急得满面通红,她不知道该怎样在最短的时间内取得教授的信任。

"鲍狄·克莱齐教授,时间紧迫,请马上跟我们走,一同救出其他的关押人员,您知道,他们和您一样,都是无辜的。"维什林顿望着教授,语气沉稳、真诚,目光中除了殷切的期待,还有一丝隐藏的焦急。

"教授,你认识我吧?真的是来救你的。他们杀死了这里所有的卫兵,你再不走,我们都要有生命危险了。"

听到哨兵这样说,教授才将侧着的身体完全转过来,仔细看着站在他

二战谍雄

219

面前的几个人。这才发现，几个人都穿着德国军服，有小兵，也有军官，还有一个是军医，说话的这个哨兵，他认识，有两次，都是这个哨兵跟随着一个医生和两名军官来给他检查身体，今天，这个哨兵虽然在，但情况却不尽相同，他心里有些疑惑。大脑在飞速地运转，瞬间恍然大悟："难道是情报机关的？"他心里暗想着。

"教授，您还在犹豫什么？难道您觉得跟我们走，还不如呆着这里安全吗？"维什林顿心急如焚，她不能再等了。示意席琳·迪荷和柏妮丝将教授架走。

"不，我相信你们，我跟你们走。"还没等两个人动手，教授表明了自己的态度。

几个人匆匆往外跑。维什林顿命令席琳·迪荷打开那两个牢房的门，放出所有囚犯。

20多人一起从古堡的正门逃出，目标太大，而且他们体弱身虚，一旦被敌人发现，很难逃离。更有可能全部葬身在这里。维什林顿想起哨兵雷蒙先前说过，这个古堡里有一些错综复杂的秘密地下通道。

"雷蒙，你说的那些密道在哪里？"维什林顿问哨兵雷蒙。他很快领会其意，用手指着前面的拐弯处。

"长官，就在前面，我带你们出去。"雷蒙说着，跑到了前面，维什林顿令柏妮丝保护教授先走，她要回去接应一下席琳·迪荷。

在走廊的拐弯处有一个生了锈的小铁门，门上面有一把生了锈的大锁。

"长官，能给我一把枪吗？通道就在这里。"雷蒙问柏妮丝，并用手指着这个小铁门。

"我来。"柏妮丝怕雷蒙有什么图谋的举动，就没有把枪给他，而是自己亲自动手,用枪柄砸开了铁门上的大锁,飞身一脚踹开了门。她回头看了一眼雷蒙。雷蒙俯身从小门钻了进去。柏妮丝和教授也钻了进去。这时,维什林顿也赶到了,后面跟着那些刚从监狱里放出来的人。他们中有些人受了重刑,几乎无法行走,一些身体强壮的,体力好的搀扶着体弱者,行动艰难,行走缓慢。

"席琳·迪荷,你和柏妮丝保护这些人从密道里走,撤到安全的地方,我返回监狱外,迷惑一下敌人。"维什林顿想,从进到古堡以后,外面一点声响没有,这说明外面暂时是安全的,敌人还没有发现她们的到来。这些监狱里的人,行动缓慢,不会在很短的时间内通过秘密通道。一旦敌人发现有人进入古堡,瞬间,整个古堡就会被包围,敌人一旦派人堵住秘密通道的出口,那么一切将功亏于溃。维什林顿要先摆个迷魂阵,为人们争取时间。

维什林顿从囚犯中选了几个枪法好的人,跟着自己出了秘密监狱。

监狱外,沃伊蒂瓦和布尔韦尔还在那里警戒,她们已经有些焦急,不停地朝古堡里面看,但没有接到维什林顿的命令,她们也不敢擅自行动。看见维什林顿带着人从里面出来,以为里面的人被成功救出,可以撤离了。

事情哪里有她们想的那么简单呢?维什林顿说明了情况,命令她们到灌木丛里继续警戒,她带领几个被营救出来的人都换上了德国巡逻哨兵的服装,佯装在巡逻。

刚换好衣服,端起枪,一名德国军官和两名随从就向他们走来。

"有什么特殊情况吗?"德国军官问道。

"报告长官,没有。一切正常。"一名扮成德国巡逻哨兵的人回答道。

"你们怎么都换人了?雷蒙呢?"德国军官显然对那几个巡逻的哨兵很熟悉。看到这些陌生的面孔,心生怀疑。维什林顿认出了这个德国军官,他就是雷蒙说的监狱长。

今天是医生给教授定期检查身体的日子,监狱长因多喝了几杯,就睡着了,当他醒来时,突然想起来,感觉可能要有事情发生,于是带了两名随从想亲自到监狱里面查看。

监狱长的预感是正确的,可是他却没有预感到自己的生命将要结束。他想亲眼看看教授是否在监狱里,这一看竟然看丢了自己的性命。

"不能让对自己的生命或对同伴的生命造成威胁的人活着"这是维什林顿在特训学校时教官常说的话,她谨记于心。现在这个人就站在面前,还没等监狱长反应过来,锋利的尖刀已经刺入了他的心脏。

消除了安全隐患后,他们继续佯装巡逻。

从监狱里出来之前,哨兵雷蒙告诉维什林顿,监狱中的秘密通道一直延伸到城堡外,密道的出口在一片树林里。这个秘密是他无意中发现的。那次监狱长带两名军官来视察,他们都有些喝醉了,监狱长就把这个秘密告诉给了那两名军官,并亲自带两名军官进到秘密通道里。哨兵雷蒙偷偷地跟在他们后面,并知道了出口。他还估算了一下:从这个秘密通道到出口大概需要 20 分钟的时间。根据雷蒙的估算,维什林顿盘算,身受酷刑的囚犯若想走出去,至少也要延长 40 分钟左右。维什林顿看看表,已经凌晨一点了,如果不发生意外,他们应该能够顺利走出通道。

时间在一分一秒地过去,维什林顿从未感觉时间过得如此之慢,然而,除了默默等待别无他法,但愿幸运之神眷顾,不会有意外出现。

"咕咕,咕咕咕。"这是席琳·迪荷传来的信号,这说明他们已经从密道里安全到达小树林。维什林顿回以同样的信号,意思是:目前这里很安全。

"报告长官,任务已顺利完成。下一步我们做什么?"席琳·迪荷和哨兵雷蒙已经站在维什林顿的身旁。

那名路桥专家鲍狄·克莱齐的安全是最重要的。席琳·迪荷告诉维什林顿,鲍狄·克莱齐教授已经和那些被解救的人正在向酒厂转移。维什林顿听后,心里的一块石头终于落地了。

"席琳·迪荷,都准备好了吗?"维什林顿转过身来小声问席琳·迪荷。

"报告长官,一切准备就绪,您看——"席琳·迪荷打开脖子上的挎包,拿出一枚定时炸弹对维什林顿说。

"就等您的命令了!"席琳·迪荷语气坚定,信心十足地回答道。

"你干得很好,席琳·迪荷,我们现在就去执行下一个任务。沃伊蒂瓦、布尔韦尔,你们两个在外面警戒。雷蒙还有你们两个跟我走。"维什林顿扫了一眼席琳·迪荷手中的定时炸弹,示意她还有雷蒙和自己一起走。转身又命令沃伊蒂瓦和布尔韦尔,让他们继续在古堡外警戒。话音刚落,一行人就消失在去往小古堡的路上。

"你们几个人和我一起警戒,一定要保护好吉芙维纳长官。"沃伊蒂瓦对刚被解救出来的人说。沃伊蒂瓦带 4 个人扮成巡逻哨兵的样子,在古堡周围进行巡逻。布尔韦尔带着剩下的人,先隐蔽在灌木丛里,待维什林顿进入古堡内的密室,将弹药和武器带出,神不知鬼不觉地运送到安全的地方。

战争中武器弹药就和水和食物一样重要,没有了这些军用物资,再强大的军队也难以取胜。摧毁了敌人的武器弹药,就等于这场战争胜利了一半。因此,维什林顿决定,一定要将敌人存放在古堡里的弹药炸毁。当维什林顿从雷蒙的口中得知小古堡内还存有一批弹药之时, 她就想将其运出来,作为地下秘密抵抗组织的战斗武器。

心思缜密的柏妮丝说:"把这样一大批武器运出城堡, 即使在晚上,目标也太大,很难成功。"经过商讨之后,最终决定,尽量用身体携带,在不用任何交通工具的情况下,运送到安全地点,剩下的武器弹药全部炸毁。这个计划要在成功解救那位路桥专家和所有被关押的人之后再实施。现在,第一个行动计划已经成功,理所当然地要实施第二个行动计划。

第二个行动计划的实施也离不开雷蒙,雷蒙对古堡里各条通道几乎都很熟悉,他可以作为一个引路人。这样便于维什林顿等人将存放在各个密室里的弹药一同炸毁。

在维什林顿的带领下,一行人悄悄进入小古堡内。最初的路比较熟悉,到了长廊尽头,维什林顿将雷蒙叫到面前,问他接下来该往哪个方向走。

时刻要对除了自己以外的人提高警惕,这是每个间谍最基本的素质。雷蒙虽然一直都很配合,但仍需要对他戒备一下才好,他一直走在维什林顿和席琳·迪荷的中间,后面一个壮汉按照维什林顿的指示,拿着枪正对着他的后心。如果他稍有"不轨行为",在一秒钟之内就可以将其击毙。

"长官,不用再往前走了,弹药就在这里。"雷蒙听到维什林顿叫他,马上回答道。然后用手指着面前的墙壁。

这已经是长廊的尽头,再无路可走。也许是长期无人居住,墙壁上很光滑,没有一点受损的痕迹。维什林顿伸手摸了摸墙壁,并没有感觉到有什么异样,也没有发现任何按钮,她疑惑地看着雷蒙。

背对着黑洞洞的枪口,雷蒙不敢有丝毫的"私心"和"诡计",他小心翼翼地在平滑的石墙上摸索着。"奇迹"发生了,石墙裂开了一道缝,随着缝隙慢慢地开裂,竟有半人高的一块石墙下坠到地面以下,展现在维什林顿他们眼前的,是一个半人高的入口。入口处有一架木梯子。

大家都惊呆了。维什林顿想到了这里会有密室,但没有想到密室的门竟然能做得如此隐蔽。维什林顿顺着梯子,探头向下看,里面黑洞洞的,深不可测,她不知道这密室里面是否还会有什么机关。就命令雷蒙走在前面。雷蒙打开了维什林顿递给他的手电,顺着梯子往下面照。

"只要顺子梯子下去就是储藏弹药的地方。"雷蒙看着维什林顿说。

"下面的密室里还有什么机关吗？"维什林顿问雷蒙。

"没有了，长官。您要不相信，我先下去。"雷蒙看着维什林顿，十分真诚。维什林顿在席琳·迪荷的耳边小声地说了几句话，于是席琳·迪荷走到雷蒙的面前。

"很抱歉，雷蒙，我们不是不相信你，这是敌我之间的战争，我们不得不防。希望你理解。"说着，将一包炸药绑在了雷蒙的身上，炸药的引线握在自己手中。

"如果你捣鬼，我将和你同归于尽。如果你很真诚地与我们合作，我们就是很好的朋友，我们的长官会将你的表现汇报给上级，你会得到奖赏的。"雷蒙看着绑在身上的炸药，虽然感到很委屈，心里也很恐惧，但他知道这一幕是必然出现的，便顺从地默认了。

雷蒙踩在梯子上，小心翼翼地顺着梯子往下走，席琳·迪荷紧跟在他的后面。暗室里伸手不见五指。借着手电筒的光亮，她看到密室里整齐地摆放着一排一排的木箱子，木箱子平地摞起一人高，几乎整个密室都摞满了。雷蒙手指着这些箱子说道："这就是那些弹药武器。"

"怎么样？"维什林顿探下头，向密室里问道。

"长官，都在这里了。你要下来吗？"席琳·迪荷仰起头答道。

"我这就下去。"维什林顿说完，令上面的人保持警戒，她顺着梯子来到密室。

借着手电的光，维什林顿环绕了一下密室四周，然后，打开了一个木箱子，里面都是弹药，她接连打开了几个木箱，里面依然是弹药：手雷，炸药包，手榴弹，硝化甘油，真是一应俱全。维什林顿抑制不住心中的兴奋，她又接连打开了几个木箱子——子弹！一箱箱的子弹，型号齐全，种类繁多，都是战争中常用枪支的子弹。

"他们将用这些弹药使一个一个鲜活的生命永远离开这美丽的世间。可恶的战争，简直就是人间地狱。我不能让罪恶继续下去！"想到这儿，维什林顿命令上面的人只留一个人警戒，其他的人都下到密室中。所有的木箱子都被打开，她发现，除了弹药外，还有一些枪支：勃朗宁，勃朗特，毛瑟98K、步枪、手枪应有尽有。这些都是德国目前最先进的弹药武器。

"就这些吗？"维什林顿指着这些弹药武器问雷蒙。

"是，长官。——不，长官，这里还有几间这样的密室，也都装有弹药武器。"看着这些武器弹药正在发愣的雷蒙，听到维什林顿的问话，反应有些迟钝，他先是习惯性地回答"是。"而后，他才反应出维什林顿所问的问题，故马上又纠正了刚才的回答。

"长官，我叫弗朗西斯科，要不要把古堡外的人都叫进来？"一个刚被解救出来的人，想帮维什林顿尽量早点完成任务，自告奋勇地对维什林顿说。

"好，你去把布尔韦尔带的那些人都叫进来。"维什林顿答。

听到命令的弗朗西斯科从密室里爬上来，急匆匆地出了古堡，叫来了布尔韦尔。

"快，能拿多少就拿多少，这些东西一点都不能给他们留下。"人们立刻带领其他人行动起来，他们将炸药捆绑到身上，腿上，胳膊上，枪支背到背上，挎到脖子上，"全副武装"的样子，就像个机器人，行动明显有些迟钝。这时候，布尔韦尔也带着一些人快速进来，当人们进入密室，眼前顿觉一亮，仿佛看到了宝藏一样，像是在抢宝贝一样，尽量多地往身上捆绑着武器弹药。

"你们带着武器不方便，和其他人先撤，我和雷蒙在这里就行了。"维什林顿对席琳·迪荷和布尔韦尔说。

"雷蒙，我告诉你，她是我们的长官，枪法极准，你要胆敢要滑，你的脑

袋将和这些武器弹药一起爆炸！"席琳·迪荷有些不放心维什林顿的安全，就威胁着雷蒙。雷蒙早已经对她们杀人不眨眼的狠劲心有余悸，哪里还敢再有什么"邪念"，只求快点完成属于他们的任务，彻底从险境中脱离。他觉得，只要和维什林顿等人在一起多待一分钟，生命就如系在发丝上的重物，稍微移动，就会命丧黄泉。

"请长官放心，长官的厉害我早已见识过，不敢有半点不忠。"雷蒙信誓旦旦地说着。

"长官小心，我先撤，稍后再过来接应你。"席琳·迪荷特别希望能够亲自炸毁这些弹药武器，但运送它们也是很重要的任务之一，她必须将这项任务完成。嘱咐完维什林顿，席琳·迪荷才带领着其他人离开密室，将身上所带弹药武器运送到安全的地点。

"既然你已经诚心归属，我们现在就齐心协力将这项任务完成，你看怎么样？"此时，小古堡内只剩下维什林顿和雷蒙两个人。维什林顿不仅要稳住雷蒙，防止他破坏此次行动，还要使他帮助自己争取时间。维什林顿没有用命令的口气，而是用征求的口气跟雷蒙说。

"长官，您是知道的，我身上没有武器。而且，从把你们带入到古堡内我就已经没有退路了，帮助您是我唯一的选择。您说吧，怎么办？"雷蒙的目光是那么真诚，他的语气十分坚定。

"好，我们开始行动！"维什林顿将席琳·迪荷提前准备好的定时炸弹放到了弹药库里。和雷蒙从密室出来，又来到另外一个密室，并将定时炸弹放好。席琳·迪荷只准备了三颗定时炸弹，她以为足够了，没想到，这里竟有 4 个密室，每个密室里都有弹药武器。也许德军在存放武器弹药的时候就已经预防着爆炸，一旦爆炸，如果炸药的威力不够大，还能使一些弹药和武器幸存下来。

既然要炸毁,维什林顿就不会给他们希望。进入到最后一个密室,维什林顿就地取材,选了一个威力较大的炸药包,将提前准好的引线接到炸药包上。这条引线很长,一直延伸到密室的外面,其目的是使其爆炸的时间能与其他定时炸弹爆炸时间保持一致。如此一来,威力会更大,可以让弹药武器全部炸毁,不给敌人留有余地。

古堡内静悄悄的,只有维什林顿和雷蒙两个人轻微的脚步声。他们撤离到了古堡外面,炸药包的引线也延伸出来。

凌晨 4 点钟,距离爆炸时间还有半个小时。维什林顿让一直在古堡外巡逻的沃伊蒂瓦带着其他人,包括雷蒙,先撤到安全的地点,她要在这里等待 20 分钟,以点燃炸药包的引线,她要亲眼目睹这个弹药库爆炸时的壮观场面。

时间一分一秒地过去,终于到了 4:25 分,维什林顿拿出打火机,小心翼翼地将火苗凑到炸药包的引线上。

"嗞——"引线上的火苗发出明亮的光,这声音令人无比兴奋。引线就像一条小蛇,吐着火舌,向古堡内钻去。

一分钟,两分钟,三分钟……

秒针一下下跳动,维什林顿的心也跟着"咯噔咯噔"地跳着,分针跳到一格,维什林顿的拳头仿佛就攥紧一些。

"轰隆,轰隆"随着一声声巨响,整个卢瓦尔河地区上空火光冲天,如同白昼一般,继而浓烟滚滚,弥漫了整个卢瓦尔地区。空气中充斥着火药的浓重味道。维什林顿虽然用衣服包住了头,趴在地上,可还是瞬间失聪,整个心脏像被四分五裂一样剧烈地疼痛。

昂热城立刻乱作一团,比白天还要热闹几十倍。不仅德国的军中灯火通明,就连整个昂热城都亮起了灯,照得比白天还要亮。这边警报声一声高过一声,那边紧急集合的号声此起彼伏,混合着惊天动地的爆炸声,已经分不清各种声音到底从哪里传来,又有多少声音混杂在一起。

城里的民众被这突如其来的爆炸声惊醒,不知道发生了什么事情,有的以为是发生了激烈的战争,吓得惊慌失措,胆战心惊地往安全地方跑;有的人抱着孩子,孩子被惊醒,吓得哇哇直哭;有的人光着脚跑到了大街上,看到冲天的火光,吓得目瞪口呆,到处乱跑,像只没头的苍蝇一样;有的人经历过一些战斗,根据以往的经验,他们表现出了镇静,抱起孩子,拽着亲人,躲进了提前挖好的地道里。

战争引起的恐慌和造成的惨状是可想而知的,而此次爆炸给这座小城带来的恐慌程度,丝毫不亚于一场真正的两军对垒,此种后果是维什林顿没有预料到的。

隐蔽在树林深处的席琳·迪荷等人也目睹了这场爆炸的壮观场景,他们露出了会心的笑;当他们目睹了民众们的恐慌,心中的成就感立刻消散。战争中无论谁最终成为胜利者,无辜的民众都将是受害最深的群体。

爆炸声震撼着整个小城,维什林顿站起来,迅速地离开,当她现出在席琳·迪荷等人面前。大家终于可以长出一口气,此次行动,圆满成功。

趁着慌乱,他们装扮成普通民众,远离了爆炸的城堡,撤回到酒厂的住处。此时,天已大亮。嘈杂声渐渐退去,街道上不再有混乱的场面。四周变得十分安静,仿佛什么事情都没有发生。此次行动中,以维什林顿为首的间谍们表现出色,不仅成功地将专家救出,而且另有 20 余名战友被解救。德军的弹药库被成功炸毁,大大打击了德军的作战能力。

如释重负的维什林顿走进暗室,拿出暗藏的电台,给上级发送了一份电报。她没有过多的渲染战绩,只是简单地写道:鲍狄·克莱齐教授和那些被关押的人都被成功地解救出来;弹药库成功炸毁。

黑夜早已过去,伴着着爆炸声的黎明被天边朦胧的光亮吞没,阳光从窗帘狭小的缝隙间挤进屋子,美丽的阳光似乎趴在维什林顿的耳畔诉说着某个秘密。此时的维什林顿早已发完电报,可她却依然带着耳机,静静地坐在椅子上,陷入沉思。

在之后的日子里,她和她的战友们并肩战斗在反法西斯战线上,并取得了一个又一个成功,完成了上级交给的诸多任务。在这一过程中,他目睹了特工们执行任务时非凡的表现,体会到亲密的战友们为自由与信仰不怕流血牺牲的精神。在第二次世界大战中,维什林顿屡立战功,却从未得到过奖赏。她深入虎穴,却能进出自由,她刀尖上跳舞,却能毫发未损。她忍受了常人无法忍受的寂寞、孤独、恐惧和痛苦,也领略了很多人无法企及的血雨腥风背后的绚烂风景。

二战浪漫曲